JN040660

誰からも
頼られるようになる

リーダーシップ

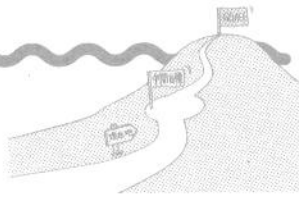

について
河野英太郎先生に聞いてみた

河野 英太郎 監修

Gakken

はじめに

リーダー初心者のみなさんへのメッセージ

「みなさんが今まで、上司にされて嫌だったことを教えてください。」

わたしは自分が受けもつ経営大学院のリーダーシップのクラスで、受講生の方々によくこの質問をします。すると、毎回おもしろいように手が挙がります。

これは一例ですが、「話しかけたら不機嫌な顔をされた」「仕事のミスを自分のせいにされた」「手柄を横取りされた」「パワハラまがいの言動をとられた」「仕事の方針をコロコロ変えられる」「重箱の隅をつつくようなことばかり言う」など、みなさんが上司に対してさまざまな不満を抱えていることがよくわかります。あなたにも何かしら覚えがあるのではないでしょうか。

わたしは、ある企業が毎年行っているアンケート調査にもとづく、「こんな上司は嫌だ」のランキングに注目してみました。そこには先の受講生たちと似たような意見が並んでいましたが、ほかにも興味深いことがありました。最新結果である２０２４年（本書刊行年）と、12年前となる２０１２年のランキングを比較したところ、その結果にほとんど違いがなかったのです。

12年前のアンケートに回答を寄せた人たちは、おそらく今では誰かの上司になっていることでしょう。そして、かつての彼らは、「嫌な上司」がどんなものかを知っていました。にもかかわらず、その彼らの部下世代である若者が同じ回答をするということはどういうことか。つまり、彼らは**過去に自分がされて嫌だったことを、今では部下にやっており、気がつかないうちに、自分が「嫌な上司」になっている**ということを意味しているのです。

本書を手に取ったあなたにとっても、これは他人事ではありません。なぜなら、あなたはこれから部下をもつリーダーの立場となり、目標達成に向けてチームを率いていくからです。「嫌な上司（リーダー）」のもとでは、メンバーは実力を発揮できませんし、何より仕事を楽しいとは思えないはずです。**「自分がされて嫌なことは他人にもしない」**。リーダーに任命されたからには、まずはこれを徹底しましょう。そんな当たり前のことを……と思うかもしれませんが、これは想像以上に難しいことです。なぜなら、**「他人にされて嫌だったこと」は、人がつい無意識にしてしまいがちな行動**だからです。よって、常にリーダーは自分のどんな些細な言動にも注意を払う必要があります。リーダーがメンバーに与える影響を自覚し、どんな場合にも感情を爆発させることなく、**チームが掲げる目標に対し、理に適（かな）った行動**をとるべきなのです。

　これだけ聞くと難しく思えるかもしれませんが、必要なのは**普段の行動や考え方におけるちょっとした「コツ」や「工夫」**だけです。

　本書では、その「コツ」と「工夫」を多角的に紹介しています。これらを身につけることで、あなたのリーダーシップはもちろんのこと、チームや一人ひとりのメンバーもきっと成長できるでしょう。どのページから読み進めても結構です。あなたのリーダーシップが開花することを、心より応援いたします。

河野英太郎

誰からも頼られるようになるリーダーシップについて

河野英太郎先生に聞いてみた

目次

失敗は
成功のもと

第4章 リーダー必須のコミュニケーション能力

第5章

令和時代に求められるビジネス思考

まずはここから！

リーダー初心者に伝えたい 5つの基本

不安や悩みを抱えるリーダー初心者のみなさんへ！真のリーダーになるための具体的なテクニックをお伝えする前に、知っておきたい5つの基本をご紹介します。

1 リーダーとは、単なる「役割」にすぎない

この世に、生まれながらのリーダーは存在しません。みんな最初は初心者で、さまざまな失敗や成功を積み重ねて、チームを目標達成へと導いてきたのです。

リーダーには特別な才能が必要だと思っているのなら、それは大きな間違いです。リーダーとは、あくまでチームを組んで仕事を行う際の、単なる「**役割**」にすぎません。決して偉くなったわけではなく、また何らかの専門性や人としての成熟度も必須条件ではありません。リーダー初心者のあなたは、まずこの事実を理解する必要があるでしょう。

リーダーだからといって、気負うことはありません。上司や先輩など、あなたを助けてくれる人は周囲にたくさんいます。まずは**気持ちを楽にし、余計なプレッシャーから自分自身を解き放ちましょう。**

2 重要任務はメンバーのやる気を引き出すこと

リーダーが果たすべき任務はさまざまですが、それらはチームが掲げる目標を達成するためのものだといえます。なかでも重要なのが「**メンバーのやる気を引き出すこと**」です。

チームで成果を出すためには、メンバーの前向きな気持ちと、目標に対する共感を得ることが欠かせません。つまり、**チームが目指すビジョンをいかに具体的かつ魅力的に、メンバーへ示せるか**が大切なのです。やりがいのある仕事なら、おのずとやる気もアップします。

メンバーのやる気をいかに引き出すかが、リーダーの腕の見せどころです。メンバーへの声かけや評価の仕方など、あなたの接し方や些細な言動が影響することを忘れてはいけません。

3 進捗管理には細心の注意を払う

スケジュールを組んだり、物事の段取りを考えたりすることが苦手な人は少なくありません。ですが、リーダーになったからには、**進捗管理を徹底する**ことが求められます。プロジェクトの進行に遅れはないか、問題を抱えているメンバーはいないかなど、チームの状態を常に細心の注意を払い、把握しておく必要があるのです。進捗管理ツールなどを活用しつつ、チームを動かすためのコツを学んでいきましょう。

4 コミュニケーションと思いやりを重視

口下手な自分にリーダーなど務まるのだろうか……。そんな心配は無用です。メンバーが求めるリーダーとは、話し上手な人ではなく、**自分の話を親身になって聞き、相談に乗ってくれる人**だからです。

コミュニケーションは大切ですが、うわべだけのやりとりでは無意味です。メンバーに気持ちよく働いてもらうためにも、リーダーは**常に思いやりを忘れず、相手の立場に立った接し方**を心がける必要があります。

5 多様性の尊重と自由で柔軟な思考

多様性の尊重が叫ばれる昨今、それはリーダーにとっても他人事ではありません。多様性の尊重とは、**従来の常識にとらわれず、一人ひとりの個性を受け入れる**ことです。

それぞれのライフスタイルや価値観に合った、自由で柔軟な働き方を認め合うこと、多種多様なメンバーを揃えることで、チームもまたバランスのよいものになります。**多様性こそ、誰もがいきいきと働ける、これからのチームづくりの秘訣**です。

第 **1** 章

リーダーとは?

リーダーに任命されたのは嬉しいけれど、うまくチームをまとめていけるのか、メンバーに信頼してもらえるのか、最初はわからないことや不安なことがたくさんあって当然です。本章では、まず基本的なリーダーの役割と、リーダーに必要な心構えについてお話します。

リーダーの役割って何ですか?

すべてにおいて優れていなくてかまわない

「リーダー」の意味を辞書で調べてみると、「指導者」や「統率者」「先導者」といった、どこかカリスマ性を感じさせる文字が並んでいます。こうしたイメージから、リーダーになる人には、もともと備わった才能があると思われがちです。

しかし、わたしはそう思いません。**リーダーはあくまでも、チームや組織で仕事をするうえでの役割にすぎない**からです。

「リーダーは偉くて優秀な人がなるもの」と思い込んでしまうと、それは必ず行動に表れます。メンバーの力を信じることができず、何でも自分でやろうとしてしまったり、命令口調で接してしまったり、逆に「すべてにおいて優れていなければいけない」と考えて自分を追い込んでしまったり……。こうした行動は、いずれもチームで仕事をするうえでマイナスに働きます。

では、リーダーの役割とは何でしょうか? それをひと言でまとめるなら「**チームが向かうべきビジョンを掲げ、メンバーを動機づけ、やる気にさせること**」でしょう。同じように人を束ねる立場としてマネージャーがあります。マネージャーの役割は「人を管理する」ことが中心ですが、リーダーは「人をやる気にさせる」ことが主な役割です。つまり、**どれだけ人の心を気持ちよく動かせるか**が重要なのです。そう言うと、余計にプレッシャーを感じるかもしれませんが、大丈夫。コツさえつかめば、リーダーになることはそれほど難しいことではないのです。

POINT

「人を管理すること」が求められるのは、リーダーではなくマネージャー

お答えしましょう!

リーダーの役割は「チームが向かうべきビジョンを掲げ、メンバーをやる気にさせること」です。

■メンバーのやる気を引き出すアプローチ

明確なビジョンを提示せず、ただやみくもに命令するだけではリーダー失格。

メンバーを動機づけ、共通の目標をもつことからチームはスタートします。

どんな人がリーダーに向いていますか？

お答えしましょう!

ずばり「コミュニケーションがとれる人」です。積極的に話しかけ、相談しやすい雰囲気をつくりましょう。

■ 話しかけづらいリーダーではいけない

無意識に話しかけづらい雰囲気を醸し出している可能性があります。

モチベーションアップが最大の課題

リーダーの役割は、組織が向かうビジョンを掲げ、メンバーをやる気にさせることです。ですが、一緒に働くメンバーには、新人もいればプロフェッショナルなベテランもいます。また、仕事で大きな成果を出してキャリアアップしたい人もいれば、家族との時間を大切にしたい人もいます。こうした**さまざまな経歴や考え方をもった人たち全員を動機づけ、やる気がある状態にするには、個々に合ったア**

POINT

メンバーをやる気にさせるだけでなく、安心感を与えることも大切

■日々の会話から信頼関係が生まれる

昨日のプレゼン
よかったわ
何か困った
ことはない？

メンバーには積極的に話しかけていきましょう。

プローチが必要となります。

それには、まず相手を知ることが大切です。リーダーがいつもせかせか動き回っていたり、仏頂面でパソコンの画面ばかり見ていたりしたら、メンバー一人ひとりと向き合えず、メンバーに対しても「うちのリーダーは話しかけづらい」という印象を与えかねません。

そうならないためには、**リーダー自らがメンバーに関心をもち、積極的に話しかけてみる**ことです。会話をすることで信頼関係が生まれ、メンバーの人柄や力量がわかり、「この人にはこの仕事をお願いしてみよう」「この人にはこういう言葉が響きそうだ」などと相手に合ったアプローチができ、結果的にチームの功績へとつながっていきます。

一方、仕事にはトラブルがつきものです。こうしたトラブルにうまく対処するのもリーダーの役目ですが、日頃からコミュニケーションがとれていないリーダーにはなかなか相談しにくいものです。**いつでも話ができる雰囲気づくりを心がけるなど、メンバーに安心感を与える**こともリーダーの大切な仕事です。「**話しかけやすいリーダー**」であることを意識しましょう。

3 よいリーダーとはどんな人ですか？

POINT
リーダーの存在意義はチームの目的達成のために行動することである

目的を達成させることが最重要ミッション

人には誰でも好き嫌いがありますが、ビジネスにおいては、メンバーが感覚的に好む人が、必ずしもよいリーダーとは限りません。リーダーの役割は、**チームの目的をメンバーに示し、環境を勘案して行動を決めること**です。

この環境には、クライアントを中心としたビジネスの状況を考えることはもちろんのこと、一緒に仕事をするメンバーの性格や成熟度などを理解することも含まれています。

人は上の立場になると、つい上から目線で物事を考えたり、言葉に出てしまったりしがちです。しかし、チームで目的を達成するとき、これは逆効果になります。チームで仕事をするメリットは、**ひとりではできない大きな仕事ができたり、自分がもっていない能力を補ってもらえたりする**ことです。そのため、個々を大切な人材として尊重し、やる気を引き出す必要があります。たとえばメンバーに対し、**「指示・命令」ではなく、「打診・依頼」にもとづくコミュニケーションを意識**してみましょう。勘違いしてはいけないのが、メンバーに嫌われないように接するという考えではないということです。チームには目的があり、リーダーはそれを達成するために存在します。**目的に対して適切な体制で、メンバーがもつ能力や特性を最大限に生かせるよう人の心を動かす**ことが重要任務です。それが結果としてうまく機能し、目的を達成できたとき、よいリーダーと認めてもらえるでしょう。

お答えしましょう!

好き嫌いという「感覚」ではなく、「目的を達成する」ために行動し、結果を出せる人です。

■ 人の心を動かしてこそリーダー

君たちの力が
必要だ！
頼んだぞ！
おー!!

メンバーのやる気を引き出し、一致団結させることがリーダーの務めです。

ミッション・
コンプリートだ！

ひとりではできない大きな仕事を成し遂げることが、チームプレイの醍醐味。

反対に、嫌われるリーダーってどんな人ですか?

感情をコントロールできるかが重要なカギ

リーダーの行動は、本人が思っているよりもメンバーから見られています。リーダーが暗い表情をしていたり、ため息をついていたりすると、「何か仕事でよくないことがあったのではないか」「ため息の原因は自分にあるのではないか」とメンバーを不安にさせます。

また、リーダーがイライラしていたり、感情任せに物事を言うタイプだったりすると、メンバーは萎縮し、常にリーダーの顔色をうかがうようになります。すると、意識がそちらばかりに向いてしまい、仕事のパフォーマンスが低下してしまいます。チームの目的を達成させるためには、**リーダーはいかなるときでも感情を理性でコントロール**しなければなりません。

リーダーは「**決める**」ことが大きな仕事です。メンバーはリーダーが決めた方針を受け、各自仕事に取り組みます。このときに、リーダーは前回言ったことを理由もなく覆してはいけません。リーダーの発言がコロコロ変わってしまうと、「今までやってきたことが無駄になった」「今決めたこともどうせまた変わるんでしょ」とメンバーのモチベーションはガタ落ちします。

このように「**共有された基本方針**」がないと、メンバーとの認識にブレが生じ、チームとして向かうべき道を見失います。

そのような状況を防ぐためには、リーダーは常に**明確な基本方針をもち、自分自身で反芻(はんすう)しながら、メンバーと共有する**ことが必要です。

POINT
リーダーはいかなるときでも感情を理性でコントロールするべき

お答えしましょう!

感情や思いつきで言うことをコロコロ変え、メンバーを振り回す人は、嫌われるリーダーの代表です。

■ 嫌われるリーダーの特徴

ため息ばかりつく

リーダーがため息ばかりついていると、メンバーは不安に感じてしまいます。ため息をつく癖がある人や、無意識にやっている人は注意しましょう。

感情的でイライラしている

リーダーが感情的だと、メンバーは思っていることを正直に言えません。また、そんなリーダーはメンバーから敬遠されてしまいます。

優柔不断で、言うことを理由もなくコロコロ変える

優柔不断なリーダーでは、メンバーからの信頼を得ることはできません。一つひとつの言動に責任をもつことが必要です。

リーダーとは?

5

リーダーに初就任! まずは何から始めるべきですか?

お答えしましょう!

「気合」よりも「心構え」を整理し、「どんなリーダーならついてきてくれるか」を考えてみましょう。

■ 自分の過去を振り返ってみる

悲しかった思い出
君の企画は平凡すぎるんだよね……
嬉しかった思い出
君の企画おもしろかったよ!

自分が言われて嬉しかったこと、嫌だったことを思い出してみましょう。

自分自身の棚卸しをして先輩リーダーに話を聞く

リーダーに任命されたとき、多くの人は「よし、絶対によい結果を出してやるぞ!」とやる気に満ちあふれているものです。その前向きな気持ちは大切ですが、スタート地点から全速力で頑張るのはあまりおすすめしません。なぜなら、途中で息切れしてしまう可能性が高いからです。また、メンバーもリーダーのペースについていけず疲弊してしまう恐れがあります。

わたしは**スタート地点こそ**

POINT

リーダー経験者の成功談・失敗談は貴重なアドバイスになる

■ 先輩に経験談を語ってもらう

何でも相談に乗るよ!
実は来月からチームリーダーに任命されまして……
元リーダー
元メンバー

お世話になった過去のリーダーに話を聞いてみましょう。お酒の席でもOK。

ウォーミングアップを念入りに行い、呼吸を整えることが大事だと考えます。チームで動く仕事は、メンバーのモチベーションを高めていくことが重要です。そのためには、メンバーの気持ちになって考えることが大切です。まずは**自分自身がメンバーの一員だったときのことを振り返ってみましょう**。

過去を振り返ると、「リーダーにこんなことを言われて嬉しかったな」「あの言い方はやる気を削がれたな」など、さまざまな感情が思い出されるはずです。自分がしてもらって嬉しかったこと、されて嫌だったことは、ほかの人も大抵同じように感じるものです。まずはそれを整理してみましょう。

また、**リーダー経験のある上司や先輩に話を聞いてみる**のもよいでしょう。「どんなことを心がけていましたか?」「こういうときはどうしたらよいのでしょうか?」など、謙虚な姿勢で聞いてみると、親身になって答えてくれる人は、あなたの周囲にたくさんいるはずです。

過去のリーダーの成功談や失敗談は、貴重な判断材料となります。焦る必要はありません。まずは少しずつ、ゆっくりスタートしましょう。

チームプレイのメリットって何ですか?

お答えしましょう!

さまざまな意見が出ることです。議論することで、より価値の高い結論を導き出すことができます。

■ 話題を共有できるのは6人まで?

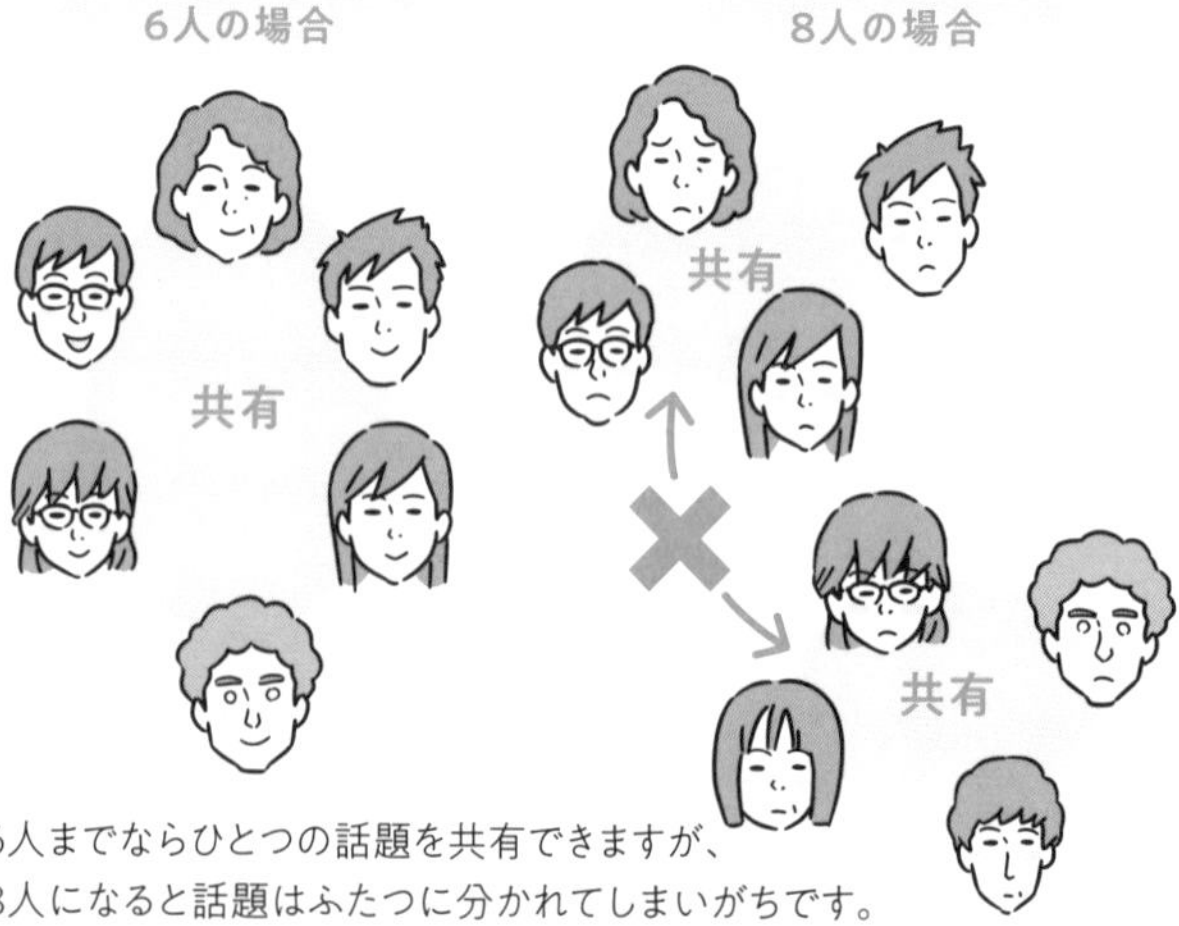

6人までならひとつの話題を共有できますが、
8人になると話題はふたつに分かれてしまいがちです。

意思統一ができるように チームの人数は重要

チームで仕事をする意味、それは「**ひとりではできない大きな仕事を実現するため**」「**個人がもっていない能力を全体で補うため**」です。これがよい方向に働くと、チームとして成果を上げられるだけでなく、メンバー一人ひとりの人生の充実にもつながっていきます。

ただ一方で、異なる人格同士で仕事をすることは一筋縄ではいきません。複数になった瞬間から意思統一が難しくなるから

POINT

自分ひとりではできない大きな仕事を、複数の個性で補うことで実現

■活発な議論はチームを成長させる

メンバー同士の議論が、チームにとっての新しい価値を生み出します。

です。食事会の場などでよく言われるのが、ひとつのテーマで話を共有できるのは6人までということです。それ以上の人数になるとテーマがふたつに分かれてしまい、それぞれ小さなグループで会話が始まります。人数が増えれば増えるほど、顔と名前が一致せず関係性が希薄になったり、話が全員に行き届かなかったりして、チームとして同じ方向に向かうことが難しくなるのです。

ですが、それもリーダーの考え方次第といえます。今は便利な情報共有システムがありますし、チーム内で出た反対意見は、「議論」につながります。**議論は、新しい価値をつくり出すために行うもの**です。リーダーが正しいと考える意見を「正」とすると、それに反する意見が必ずあります。**この「正」と「反」を比較し、「合意」された結論を探すことが「議論」**です。さらに、ここから導き出された結論は、**もとの「正」意見や「反」意見のよいところを取り込んで、より価値の高いもの**になります。さまざまな人間が集まり、知恵を出し合って切磋琢磨する。チームを組んで仕事をする醍醐味は、まさにここにあるのです。

チームのメンバーはどうやって選べばよいですか？

お答えしましょう！

チームを編成するときは、特長の異なるメンバーをバランスよく入れることが大切です。

■メンバーが4番バッターばかりだったら？

4番しかいない……
わたしの出番は？
いつでも打てます！
やる気満々！
かっとばすぜ！

4番バッターのメンバーばかりだと、チームとして機能しません。

POINT

メンバーのバランスを第一に考えつつ、適宜入れ替えを行っていく

メンバーの特長を見極め個々に活躍の場を与える

リーダーの仕事はチームづくりから始まります。チームを構成するときは、**メンバーのバランスを考えることが重要です。**実績のあるメンバーを集めたほうが、成果が出やすいと思いがちですが、そうとも限りません。たとえば、ひとつのチームに野球でいう4番バッターばかりいたらどうなるでしょう？せっかく実力があるのに出番が回ってこなかったり、「俺がトップだ！」とそれぞれが自分のや

■タイプの異なる人材を集めよう

さまざまなタイプのメンバーを統率することがリーダーの役割。

り方を押し通してしまったりして、チームとして機能しなくなります。

「前に出て引っ張っていく人」「全体を冷静に見渡せる人」「専門分野で貢献する人」「事務作業に長けている人」「チームを明るくするムードメーカー」など、チームにはさまざまな人材が必要です。**メンバーそれぞれの得意なことを見極め、それを最大限発揮できるように采配できるか**が、リーダーの腕の見せどころといえます。

一方、すでにチームができあがっていて、リーダーだけが交代するというケースもあります。実はこの場合も、リーダーは**今いるメンバーがベストかどうかを検討し、適宜入れ替えを行うべき**です。同じメンバーだけで長くチームを組むと、仕事のマンネリ化や馴れ合いが生まれます。また、刺激のない職場では新しい発想が生まれにくく、まわりの変化にも気づきにくいため、世の中から置いていかれるリスクがあります。

すでにできあがっているチームを変えるときは、一時的な不協和音が生じますが、それを乗り越えることでチームが前進し、目標を達成することにつながります。

リーダーとは？

8

バランスのよいチームってどんなチームですか？

POINT

多様なメンバーが揃っているチームは視野が広がる

形だけのダイバーシティでは意味がない

メンバーを構成する際にもうひとつ意識したいのが「**多様性**」です。主軸として、「性別」「キャリア」「専門性」「ライフステージ」などがあげられます。**多様な背景をもつ人が集まると、異なるものの見方や価値観、能力が混ざり合って、チームとしての付加価値が向上**します。多様性を意識してメンバーを選ぶコツは、**リーダーである自分を軸にメンバーのバランスを考える**ことです。自分が男性なら女性にサブリーダーを任せる、新卒からずっと同じ会社で働いているのなら、転職経験のある人を入れてみる、といった具合です。

でも、選んで終わりではいけません。近年、多様性を表す言葉として「**ダイバーシティ**」が叫ばれていますが、「ダイバーシティ」は多様な人材が集まっている状態にすぎず、「**インクルージョン**」（受容）とセットである必要があります。たとえば、ダンスパーティーに男女が集まっても、踊っているのが男性だけでは意味がなく、女性や初対面の人に「**一緒に踊りませんか？」と手を差し出す行動が大切**です。表面上の形だけ揃えた状態では「なぜこの役職に女性が就くのか？」「なぜあの人だけ早く帰れるのか？」などの不満が出てきます。その理由をきちんと説明し、**チームとしての共通認識を浸透させる**こともリーダーの役目です。招集した個々のメンバーを守りつつ、実行して結果を出す。それができて初めて、多様性であることがチームの強みになります。

お答えしましょう!

多様な背景をもつ人が集まり、そのメンバーみんなが共通認識をもっているチームです。

■ ダイバーシティ&インクルージョンとは?

Let's
ダンシング!
最高に
ノリノリだぜ!

男女を集めても、実際に踊っている(活躍している)のが男性だけでは無意味。

シャルウィダンス?

男女(すべてのメンバー)が手を取り合い、一緒に踊ってこそ意味があります。

KEYWORD

ダイバーシティ&インクルージョン……人種、性別、年齢、性格、価値観など、多様な背景をもつ人材を生かし、個々の能力を発揮させること。

リーダーに従順なチームじゃいけませんか?

お答えしましょう!

リーダーの指示がなければ動けないチームは前進しません。メンバーに任せてみる勇気も必要です。

■ 指示待ちのチームは成長しない

指示がないと動けないチームにしていませんか?

POINT

メンバーの成長のためにも、自分で考えて行動させることが必要

失敗は成功のもと メンバーの力を信じる

チームスポーツなどは、監督の指示のもと、各プレイヤーが自分の役割を果たし、チームに貢献します。ビジネスでも監督にあたるリーダーの存在は不可欠ですが、メンバーは必ずしもすべてにおいて従順である必要はありません。リーダーの指示通りのことしかできなかったり、指示があるまで動かなかったりするのでは、せっかくチームで仕事をする意味が半減してしまい、メンバーの成長にもつ

■メンバーにはどんどん仕事を任せる

信頼して仕事を任せていけば、メンバーも自発的に動くようになります。

ながらないからです。

チームとして前進させたいと思うのなら、**リーダーはメンバーの力を信じて見守ることが大切**です。任せたい仕事を伝えたら、あとの進め方はある程度本人に委ねてみましょう。

もちろんメンバーの成熟度によって、丁寧に教える場面は出てきます。ですが、仕事の経験が浅いメンバーに対しても、**何かあったときに自分が一日でリカバリーできる範囲のことならば、どんどん任せてみるべき**です。自分で考えて行動することは、責任を伴いますし、それがたとえ失敗してしまったとしても、メンバーはその経験を次に生かすことができます。チームの理念や価値観の範囲内であれば、本人が考えた通り自由にやらせてみる勇気も、リーダーには必要です。

ただし、**信じて任せることと、丸投げすることは同じではありません**。任せたからには最後まで責任をもちましょう。

何か困ったことがあったら、いつでもすぐに相談に乗り、緊急事態が発生したら、たとえベテランのメンバーであっても「一緒に解決策を考えましょう」と手を差し伸べることを忘れてはいけません。

リーダーとは?
10

チーム内で働き方を統一する必要はありますか?

POINT
仕事の進め方や働き方は、個々の状況に応じて柔軟に認め合う

ビジョンの共有ができれば働き方は統一しなくていい

近年、オンライン会議やリモート勤務を取り入れる企業が多くなったことで、同じチーム内のメンバーであっても異なる働き方をすることが増えてきています。また、グローバル化が急速に進み、異なるバックグラウンドをもつ国の人たちと一緒に仕事をする機会も増えており、仕事に対する価値観が多様化してきています。

たとえば、わたしが仕事を共にした多くのイギリス人のメンバーは「忙しい!」と言いつつ、夕方5時には退社します。彼らにとっての「忙しい」は朝9時~夕方5時までを指し、残業という概念はありません。日本人は当たり前のようにまだ働いていますが、人によって仕事に一番集中できる時間帯も、本来は異なるはずです。**時間だけでなく、同じチーム内でも本人の希望にそった多様な働き方を認め合う**ことが、グローバル時代には求められています。

また、リーダーが多様なメンバーの力を引き出すうえで最も大切なことは、メンバーのモチベーションを高めることです。とくに「**エンゲージメント**」を高める必要があります。

エンゲージメントとは、チームのビジョンやミッションに対して、メンバーが共感している状態を指します。それさえしっかり共有できれば、あとはどこで仕事をしようが何時間働こうが、本人の意思を尊重するべきでしょう。多様な価値観を理解し、お互いに歩み寄ることが、これからのスタンダードな働き方だといえます。

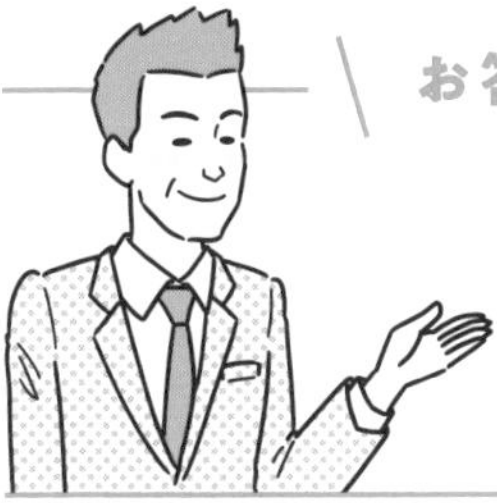

お答えしましょう!

働き方は人それぞれです。チーム内で無理に働き方を統一する必要はありません。

■ 多様な働き方こそがこれからのスタンダード

定時退社で自分の時間を大切にする、育児中は時短勤務にするなど、働く時間を選択できるようにしましょう。

リモート勤務やフレックスタイム制で、その人にとって最も集中して働ける時間や場所を選択できるようにしましょう。

リーダーとは孤独なものですか?

POINT
ビジョンを唱え続け、それに向けて実直に行動することが重要

お答えしましょう!

成長前のメンバーとの仕事は孤独なもの。でも、正しく行動し続ければ、次第に理解者が現れます。

■ 孤独もリーダーであることの証

上司とメンバーの板挟みになることも……。リーダーは孤独です。

リーダーは未来へ導く人 初めはみんな孤独

「リーダーは孤独」という言葉をよく耳にします。かく言うわたしも、過去にさまざまなチームのリーダーを経験し、幾度となく孤独を感じることがありました。

チームのリーダーであるがゆえに、上司から難題を突きつけられたり、プレッシャーを与えられたり、ほかのチームやメンバー、クライアントから非難を受けたりすることがあります。しかも、こうした状況を理解し

■片腕となる人や理解者はいつか必ず現れる

あなたが実直な言動を貫けば、それを認めてくれるメンバーが必ずいます。

てくれる人は、周囲にはなかなかいないものです。

リーダーは常に未来を見据えていなければなりません。リーダーの頭のなかにはいろいろな道筋ができていますが、それをメンバーに共有できていない頃や、メンバー自身にまだ力がついていない頃は、たいがい孤独を感じるものです。

また、あまりにも現実離れしていると、いくらリーダーが熱くビジョンを語ったところで、「あのリーダーの言っていることは理想ばかりだ」とメンバーの心がついていかず、リーダーだけが浮いてしまうこともあるでしょう。

ですが、**リーダーが一貫してチームのビジョンを唱え続け、実直に行動で示していけば、あるときから自分を理解して助けてくれたり、思いを代弁してくれたりするメンバーが現れる**ものです。

また、それまで頼りないと思っていたメンバーが少しずつ力をつけ、頼れる存在になってくることもあります。渦中にいるときは長いトンネルをひとりで歩いているような不安や寂しさを感じるかもしれませんが、光が見えてくる日は必ずやってきます。

メンタルの強さは必要ですか？

お答えしましょう!

リーダーも鋼（はがね）のような心の人ばかりではありません。自分に合ったストレス解消法をもっておきましょう。

■メンタルの強化はすぐにはできない

どんな難題もストレスも跳ね返す、
そんなメンタルをもちたいけれど……。

リーダーが健やかでいることもチームには大切なこと

リーダーのもとには、日々トラブルや相談がもちかけられます。また、組織が目指さなければならない目標やビジョンの達成難易度が高くなればなるほど、リーダーへの風当たりは上からも下からも強くなります。

リーダーに鋼のような心が不可欠かというと、そんなことはありません。わたしは若い頃、自分はメンタルが強い方だと思っていましたが、それでも心が折れそうになることが幾度も

POINT
自分に合ったストレス解消法をもっておき、それでもダメなら逃げる

■自分なりのストレス解消法を用意する

読書でゆったり、運動でストレス発散、自分時間をしっかり確保しましょう。

ありました。そんなときは、**自分なりのストレス解消法**で乗り越えていました。これらをもつことは、メンタルを安定させるうえで重要です。方法は人それぞれですが、今までに自分がストレスを解消できたときの成功例を思い出し、**「自分はこうすればストレスを解消できる！」というパターンを複数準備しておく**とよいでしょう。

たとえばわたしは、一定のストレスがかかったときに読む本や観る映画、聴く音楽などを決めておいたり、ジョギングや水泳などで体を存分に動かしたりすることで、ストレス解消に役立てています。

ただ、なかには度を超えた誹謗中傷など、精神的に耐えるに耐えられないものがあるかもしれません。わたしも経験していますが、過度に気にしすぎると自分の仕事の質や体調にも影響が出ます。一番の対処法は「無視する」ですが、どうにもならないときは「逃げる」「法的手段に出る」という選択肢ももっておきましょう。**体や心の健康を害してまで耐える必要はありません**。メンバーだけでなく、リーダー自身が健やかであることも、チームにとってはとても大切なことなのです。

その
1
リーダーの心得編

リーダーに必要な10のポイント！

- ☑ 1．マネージャーとリーダーの役割の違いを理解する
- ☑ 2．メンバーのやる気を引き出す努力をしている
- ☑ 3．話しかけやすいリーダーであることを意識している
- ☑ 4．ついため息をついたり、人前でイライラしたりしないように注意している
- ☑ 5．決断は明確にし、優柔不断な態度をとらない
- ☑ 6．メンバー選びの際のバランスに配慮している
- ☑ 7．「ダイバーシティ&インクルージョン」の意味を正しく捉えられている
- ☑ 8．指示待ちではなく、自発的に動けるチームづくりができている
- ☑ 9．チームのメンバーと同じビジョンを共有できている
- ☑ 10．自分なりのリラックス方法をもっている

第1章では、リーダーに必要となる
基本的な心得についてお話しました。
初心を忘れそうになったときには、
ぜひ何度でも立ち返ってみてください。

第 2 章

リーダーに必要な業務遂行能力

本章では、日々の業務を円滑に推し進め、チームを目標へと導くために有効なスキルと、メンバーへの接し方に関するコツを具体的に解説します。リーダーがメンバーに対して、評価や依頼をする際に注意したいポイントなどについても触れていきます。

リーダーに必要な業務遂行能力

1

マルチタスクが苦手じゃダメですか？

お答えしましょう!

ひとつずつ時間を区切り、優先順位をつけて取り組めば、慌てる必要はありません。

■ マルチタスク＝特殊能力ではない

作業を同時進行させることが、マルチタスクだと思っていませんか？

複数の業務は区切りと優先順位をつける

リーダーの仕事は、チームの向かうべき道を示したり、具体的な仕事を依頼したり、トラブルの対応をしたり、メンバーの相談に乗ったりと、多岐にわたります。ひとりの人間がこれらを並行して行うには、マルチタスクをそつなくこなす器用さが必要と思われがちです。ですが、必ずしも器用であることがリーダーの条件ではありません。

マルチタスクが得意な人というと、何か特殊な能力をもって

POINT

やるべき仕事を分解し、優先順位の高いものから進めていく

■マルチタスクに必要なのは時間配分と段取り

料理をつくるときと同様、仕事でも段取りが大切です。

いるように感じますが、**実は単にやるべきことを切り分けているにすぎません。**たとえば受験勉強をするとき、数学と国語を同時に行う人はいませんよね。「この時間は数学をやる。それが終わったら次は国語をやろう」というように、やるべき順番を自分なりに決めて学習していたことでしょう。仕事もそれと同じです。**マルチタスクが得意な人は、「時間をうまく区切って個々の作業を進める習慣が身についている人」**なのだと捉えれば、あなたの感じ方もきっと変わるはずです。

さらに**逆算して考える力があると、より効率がアップ**します。たとえば料理をつくるとき、炊飯をしている間にメインディッシュや副菜の下準備をし、ごはんが炊けるタイミングに合わせて仕上げを行うように、「この仕事はこの人に頼んでおこう」「その間に自分はこれをやっておこう」というような段取りを組んでおくのです。

ただ、仕事はトラブルがつきもので、緊急的な対応や決断を迫られることもあるでしょう。そういった場合も毅然としたリーダーであるためには、**常日頃から優先順位をつけて、業務を行っていく**ことが大切です。

リーダーもメンバーに「報連相（ほうれんそう）」を行うべきですか？

リーダーからの相談はメンバーにとって嬉しい

ビジネスにおいて「報連相」（報告・連絡・相談）は重要です。そのうち「報告」は、指示・依頼に対するアクションなので、基本的にメンバーからのコミュニケーションになります。一方で「連絡」「相談」は、上下関係がなくても成立するアクションなので、どんどん行いましょう。

「連絡」は必要な人に、必要な情報を、迅速に伝えるようにします。情報が十分にあれば、メンバーは仕事を進めるうえでの判断材料が増え、仕事が断然しやすくなります。

「相談」は部下やメンバーがするものと思いがちですが、**リーダーでも周囲の助けや意見が必要であれば、躊躇することはありません**。「部下に相談するなんて情けない」などと思うのは間違いです。むしろ、リーダーから相談をもちかけられたメンバーは、**「自分は頼りにされている」「一人前扱いされている」と嬉しく感じる**はずです。リーダーだからといって気負わずに「○○さん、ちょっと相談したいことがあるのですが……」とメンバーに相談をもちかけてみましょう。とくに、あなたが将来的にリーダーを任せたいと考えている人に「来年度、こういうことを考えているのですが、君の意見を聞かせてもらえませんか？」といった話をすれば、次は自分がリーダーになるかもしれないと、その人は自覚をもって仕事に取り組むようになるでしょう。せっかくチームで仕事をしているのですから、周囲にいるメンバーを頼らない手はありません。

POINT

「連絡」は必要な情報を迅速に。「相談」も躊躇せず行ったほうがよい

お答えしましょう!

リーダーからの相談は「自分は頼りにされている」と感じ、メンバーのモチベーションがアップします!

■ 適切な「報連相」でチーム運営を円滑に

報告

メンバーからの報告は丁寧に聞き取り、何か問題があれば早急に対応しましょう。また、自分の指示・依頼に対して行動してくれたメンバーには、感謝を伝えることが大切です。

相談

メンバーからの相談に真摯に対応するのはもちろんですが、リーダーも意見や助けが必要な場合は、積極的に周囲に相談しましょう。誰しも頼られることは嬉しいものです。

連絡

メンバーが仕事を進めるうえで必要、または有益な情報は、速やかな伝達を心がけます。メールやチャットだけでなく、状況に応じて電話なども活用しましょう。

リーダーの重要任務である「意思決定」のコツを教えてください！

POINT
失敗してもやり直しが利くので、まずは決める

リーダーの意思決定でチームが動き出す

リーダーの役割はいろいろありますが、突き詰めていくと**「決める」**こと、そしてその結果を**「伝える」**ことのふたつに絞られます。よって意思決定ができないリーダーは、チームを前進させることができず、存在意義を失うことになります。

リーダーのもとには日々、質問やトラブルの対応などの相談が舞い込み、指示出しや決断をしなければならない場面が訪れます。メンバーに対して何かしらの方針を出せれば、メンバーは次のステップへと進み、チーム全体も前進します。ただ、なかには即決できないこともあるでしょう。リーダーだって迷うことはあります。ですが、リーダーがいつまでも優柔不断でいると、チームは目標に近づくことができません。

そこで必要なのは、**「いつまでに○○を決める」という期限を設定する**ことです。これは今すぐに決めるべき事柄なのか、それとも時間をかけて熟考すべき事柄なのか、状況によって適切に判断していきましょう。

ただし、環境がめまぐるしく変化するVUCA（ブーカ）時代においては、できるだけ早く決断をしたほうが賢明です。過去の経験則が通用しないのなら、**十分な確信よりも、まずは早期的な意思決定と即時的な実行のほうが有益**だといえます。

仮に失敗したとしても、時間に余裕があれば、代替案を試すことも可能です。**失敗を恐れずに、まずは決める**こと。思い切りのよさも、リーダーには必要です。

お答えしましょう！

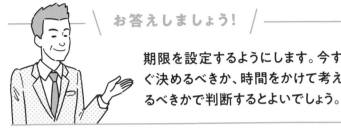

期限を設定するようにします。今すぐ決めるべきか、時間をかけて考えるべきかで判断するとよいでしょう。

■ 意思決定はできるだけ早く

数ある選択肢の前でリーダーが優柔不断だと、チームは停滞してしまいます。

失敗を過度に恐れる必要はありません。決断力のあるリーダーになりましょう。

う～ん
どうするべきか……
ずっと
悩んでる……
A案
B案
C案
B案で
行くぞ！
キリッ
はい！
B案

KEYWORD

VUCA（ブーカ） …… Volatility（変動性）、Uncertainty（不確実性）、Complexity（複雑性）、Ambiguity（曖昧性）の頭文字をとった言葉で、想定外の事象の頻発により、将来の予測が困難な状況を指す。

メンバーの力量を測る最適な方法ってありますか？

適材適所を考えるのがリーダーの役目

リーダーはメンバーの専門性や力量に合わせて、仕事を振り分けます。ただ、リーダーに就任した直後は、個々のメンバーがどのくらいの能力をもっているのかよくわからないというケースがあります。その場合に参考になるのが、**クライアント（第三者）からの評価**です。

最もわかりやすいのは営業で、売上目標の達成度合です。クライアントから信頼を得ているかどうかは、数字が証明してくれます。一方、総務や人事などの社内業務であれば、クライアントは社員に該当します。依頼したことに対してきちんと締め切りを守るか、守れない場合は事前に報告をしているかといった仕事の基本ができているかどうかは、ほかの社員から信頼を得られているかといった評価から知ることができます。これらをもとに、**「この仕事ならあの人のほうが適任かもしれない」とリーダーが判断し、仕事を振り分けていきます**。

まだ実績のない新入社員には、小さな仕事から任せてみましょう。その際、「このくらいはできて当たり前だろう」と自分基準で判断せず、「こういう資料を作成するときは、こうやるとよいですよ」と大まかなコツやポイントを教え、あとは本人に委ねます。そうやって、相手のレベルやスキルに合わせて仕事を依頼し、仕事の成果に対しては「今回の議事録、とてもわかりやすかったよ」などとフィードバックをすることで、メンバーのモチベーションはグンと上がるはずです。

POINT

新人メンバーには簡単な仕事から任せることで、力量を測っていく

お答えしましょう!

メンバーの力量は、クライアントの評価をもとに把握できます。前任者や本人からの報告よりも正確です。

■ メンバー選びと振り分けは第三者の評価を参考に

なるほど
仕事が丁寧で要領もすごくいいです!
総務
社内評価が高いAさん

ふむふむ
売上○年連続トップでお客様からの評判もいいです!
営業
クライアントからの信頼が厚いBさん

社内における評価と、クライアントなどからの外部における評価、客観的な意見を聞き取り、メンバー選びの参考にしていきましょう。

メンバーへの依頼に遠慮は無用？

POINT

仕事に遠慮は不要。できる人を頼り、チームに貢献してもらう

お答えしましょう！

頼りになるメンバーにはどんどん仕事をお願いしましょう。きっと、期待以上の働きをしてくれるはずです。

■こなせる仕事量には個人差がある

その人に適した仕事量を把握し、采配することもリーダーの務めです。

バランスを考えて遠慮しなくてよい

仕事の割り振りを考えるとき、どうしても一部の人に仕事の分量が集中してしまうことがあります。実績がある人や、複数の仕事を依頼してもそつなくこなしてしまう人には、「この人に頼んでおけば、きっと大丈夫」という信頼感や安心感があるので、つい頼りたくなってしまうのは当然のことでしょう。

しかし、チーム全体を見渡したとき、「誰かひとりに仕事の負担が集中していないだろうか」

■ オーバーワークにならないよう声かけを

困ったときには
相談してね！
はい
大丈夫!?
助けて～

どんなに優秀な人であっても、仕事を丸投げしたり、放任したりするのはNG。

「ほかのメンバーに楽をさせていないだろうか」と、そのアンバランスさが気になってしまうものです。

それでも、**大事な取引や難しい案件の場合、まずはうまくやってくれそうな人に依頼をするべき**です。わたしの過去の経験からしても、「仕事ができる人」というのは、どんなことでもさらりとやってのける能力があり、こちらの心配などものともせずに、期待以上のパフォーマンスを発揮してくれるケースがほとんどでした。仕事量のバランスに配慮しようと、力不足の人に無理な依頼をしても、かえって時間を要したり、最終的にできなかったりといった結果に終わってしまいます。すると、その穴埋めを誰かがすることになり、チーム全体のパフォーマンスを低下させる事態を招きます。

リーダーは「**できる人には仕事が集中するもの**」と考え、遠慮なく依頼しましょう。ただし、**結果に見合った昇給・昇格の処遇をする**ことが必要です。また、たとえ優秀な人であっても、オーバーワーク気味の場合は、「困ったらいつでも言ってくださいね」と日頃から声をかけておくことが重要です。

メンバーのモチベーションを上げる依頼の仕方を教えてください！

なぜ依頼をするか理由とメリットを添える

メンバーに仕事を任せるときは、「○○をしなさい」「○○をやっておけ」といった命令口調ではなく、「○○をお願いできますか？」「○○は可能ですか？」と**「依頼」または「打診」を意識する**ようにしましょう。その際、**「なぜあなたにお願いするのか」という理由を伝えると、相手は納得し、前向きな気持ちで取り組むようになります。**

たとえば「あなたにはより早く管理職として活躍してもらいたい。その練習も兼ねてこの仕事をやってもらいたい」「この仕事は、いずれ管理職になりたいというあなたのキャリア目標に合った仕事だと思う。少し挑戦になるかもしれないが、やってみてもらえないだろうか？」といった具合です。**相手への期待を込めつつ、少し先の現実的な目標や、本人が望む将来の姿に、日々の業務を結びつけてみる**のです。もしあなたがリーダーからそう言われたらどうでしょう。「リーダーは自分のことをよくわかってくれている」と嬉しい気持ちになると同時に、リーダーの期待に応えたいと思い、任された仕事に精を出すのではないでしょうか。

「やってもらえますか？」という期待を込めた打診に対し、相手が承諾すれば、その責任は本人に移行します。そして、自分の仕事に責任と誇りをもって取り組み、結果を出そうと努力するでしょう。仕事を誰かに任せるときは、常に依頼される側の視点に立ち、相手の心を動かせるリーダーでありましょう。

POINT

お願いするときは、依頼される側の視点に立つ

お答えしましょう!

「依頼」または「打診」を意識しましょう。「あなただから頼みたい」は最強のパワーワードです。

■ メンバーに接するときは「依頼・打診」が基本

命令ばっかり……
これをやっておけ!
あれをしろ!

命令口調や指示口調では高圧的な印象となり、相手も萎縮してしまいます。

やらせてください!
管理職
ステップアップ
君の将来のためにもぜひ!

期待を込めた「依頼・打診」をすることで、相手の受け取り方も変わります。

相手のモチベーションを下げるNGな依頼の仕方はありますか？

POINT
人に動いてもらうときは「依頼」が基本。受けたらあとは本人に委ねる

リーダーの言い方次第でメンバーの動きは変わる

人に動いてもらうときは、「命令・指示」ではなく、「依頼・打診」が基本です。「○○をしなさい」「○○をやっておけ」といった言い方は、受ける側の意思を無視した押しつけとなり、メンバーに「不満」や「嫌々」の感情を抱かせます。

仕事を依頼するときは「なぜあなたなのか」「なぜこれをやるのか」という理由を伝えましょう。その一方で、**人間は依頼する側の誠実な態度や感情に押されて動く生きもの**です。「リーダーにこれだけ期待されているのだから頑張ってみよう」という思いは原動力になります。

仕事を依頼し、相手が承諾したら、**「目的とゴール」「期限」を明確に伝え、あとの作業の進め方は本人に任せましょう**。作業指示を前提に働いてもらう派遣社員や、入社したての新メンバーであれば、細かい作業指示が必要になりますが、そうでないメンバーには、自分で考えて実行してもらいます。

たとえば面会のアポイントメントをとってもらうとき、「メールは作成した？」「下書きを見せて」など、こと細かに確認すると、「自分への期待値は低く、リーダーの言う通りに動けばいいんだな……」と、自分の頭で考えなくなってしまいます。優秀な人ほど、こうした箸の上げ下ろしのような口出しにげんなりしてしまう傾向にあるので、注意が必要です。**作業指示は相手のレベルに合わせて行い、とくに質問や相談がなければ、こちらからの口出しはなるべく控える**ようにしましょう。

お答えしましょう!

「指示・命令」は、受ける側の意思を反映する余地がなく、「嫌々やる」ことにつながります。

■メンバーを信じて口出しは最小限に

あれこれ細かく口出しされると、本人のモチベーションはガタ落ちします。

「あとはあなたにお任せ」。期待を込めた依頼の仕方を習慣化しましょう。

リーダーに
必要な業務
遂行能力
8

会議を有意義なものにするためには どうすればよいですか？

お答えしましょう！

事前に「目的」と「ゴール」を共有しておきましょう。また、「8分の1の法則」を意識しましょう。

■「目的」と「ゴール」が曖昧な会議は無意味

集中力を欠いた会議を惰性で続けていませんか？

「目的」と「ゴール」を事前に共有しておく

会議とは、メンバー全員がチームとして同じビジョンを目指すために行うものです。ところが、その会議が長時間に及んだり、やたらと頻繁に実施されたりすると、日々の業務の妨げになる場合があります。無駄な時間を過ごさないためにも、会議を行う際には、まず**「目的」と「ゴール」を事前にメンバーと共有**しておきましょう。ここでいう「目的」とは最終的に実現したいこと、「ゴール」とは

POINT
「目的」と「ゴール」を事前に共有しておけば、話の脱線を防げる

■ 会議に「8分の1の法則」を取り入れよう

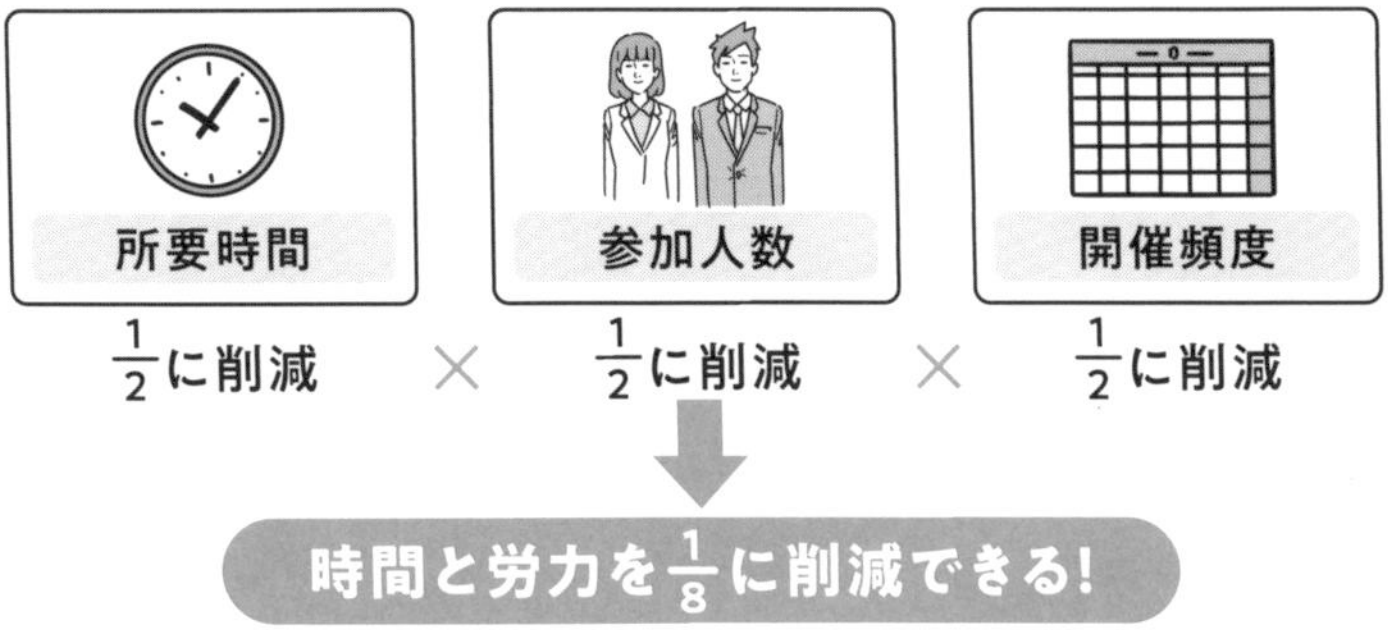

目的が実現できている状態を測る基準を表しています。

たとえば、営業会議の目的が「最新の売上状況を確認し、目標達成のために必要な対策をとること」だった場合、「前週末の売上高と目標との差額」「目標未達成の場合の問題と対応策」「次週までの主な行動計画」の確認がゴールになります。**目的とゴールさえきちんと決まっていれば、話が脱線することはありません。**

会議の時間はメンバーの意識次第で短くすることが可能です。わたしが心がけているのは、「**8分の1の法則**」です。会議の構成要素を「所要時間」「参加人数」「開催頻度」に分解し、それぞれを半分にすれば、1／2×1／2×1／2で、**会議時間と労力を1／8に削減できる**という考え方です。

たとえば、2時間の会議に20人が参加して、月に2回行われるとします。2時間×20人×2回＝80時間。これをすべて半分にすると、1時間×10人×1回＝10時間となり、実に70時間も削減できるのです。この時間を別の仕事にあてることができれば、チームのパフォーマンスは飛躍的にあがるはずです。ぜひ、試してみてください。

会議におけるリーダーの立ち位置はどうなりますか？

会議の目的に応じて進め方や雰囲気を変える

会議には話を仕切ったり、まとめたりする**ファシリテーター**が必要です。ファシリテーターはメンバーを招集した人が担うのが基本です。リーダーであるあなたがメンバーに声をかけたのなら、あなたがその会議のファシリテーターになります。メンバーがファシリテーターなら、リーダーはあれこれ口を出さず、様子を見守りましょう。

会議にはどんどんアイデアを出し合う「**ブレスト**」や、出てきたアイデアをもとに最終決定までもっていく「**エバリュエーション**」など、いくつかの目的があります。**会議を行う際には、その日の会議の趣旨が何なのか、事前にメンバーと共有**しておきましょう。そうしなければ、多くのアイデアを出し合うことが目的のブレスト会議で、「そんなアイデアは現実的ではない」と、真っ向から反対する人が現れるからです。ブレスト会議を行うときには、「今日はみなさん、ざっくばらんにアイデアを出し合いましょう」となごやかな雰囲気づくりを心がけることが大切です。ピリピリした雰囲気では、言いたいことも言えなくなってしまいます。

一方、すぐに改善策を考えなければならない緊急度の高い会議では、**すばやく結論が出せるように、事前に会議のシナリオや時間配分を考えておきましょう**。こうしたタイムマネジメントもファシリテーターには必要な能力です。そして、「誰が」「いつまでに」「何をするか」まで決めておけば、終了後、すぐ行動に移すことができます。

POINT

会議は招集した人が仕切り役になる。目的に応じた対応力が必要

お答えしましょう!

ファシリテーター役は、招集した人が担うのが基本です。リーダーは様子を見守るようにしましょう。

■ 会議の良し悪しはファシリテーターにかかっている

わたしは
反対だ！
非現実的よ！
……
……

ギスギスした雰囲気の会議になっていませんか?

自由にアイデアを
出してください！

目的に合った会議の雰囲気を演出するのがファシリテーターの役目です。

KEYWORD

ファシリテーター……会議や商談などで中立的な立場となり、参加者の意見をまとめたり、よりよい結論へと導いたりする役割を担う人。

業務はある程度手順化するべきですか？

お答えしましょう!

繰り返し行う業務やチーム内で決まったことは手順化し、共有できるようにしておきましょう。

■ マニュアルがあればチームの効率化を図れる

定期的に行う業務はマニュアル化し、チームで共有できるようにしましょう。

このマニュアルを読めばすべて解決しますよ
やった〜！
ありがたい！

できるリーダーは次へスムーズに引き継ぐ

会議を行った際には、話し合った内容を議事録にまとめるのが一般的ですが、その作成に時間がかかってしまうケースは少なくありません。しかしこれらの記録は、今は便利なツールを使って簡単に再現することができます。大切なのは体裁を整えることではなく、いかに早く次の行動に移せるかどうかです。極端な話、**議事録には次の行動につながる事柄だけを記しておけば問題ありません。**

POINT

チームの動きを止めないためにも、繰り返される業務は手順化する

■後任に引き継ぐまでがリーダーの仕事

後任のリーダーがすぐ業務に取りかかれるよう準備をしておきます。

ただし、**チーム全体の動きに関しては、できるだけ手順化しておきます**。たとえば、経費精算の手順や見積もりの出し方など、**2回以上行われる定期的な業務**については、担当者が代わっても、後任者がすぐ着手できるように、マニュアルを作成しておくべきでしょう。担当者の変更やメンバーが入れ替わるたびにゼロから教えていたのでは、時間も労力もかかります。

リーダーが交代する際も同様です。リーダーは新しい価値をつくるために存在しますが、リーダーが変わるたびにすべてがゼロリセットでは、せっかくつくり上げてきたものも前進しません。また、すでに軌道に乗っているチームに新しいリーダーが着任する場合、今までどのようなことが話し合われ、どういう方向性を見出したか、そして今は何に取り組んでいるのかなど、その経緯を理解していないと、後任のリーダーは新たな価値を生み出すといった本来のミッションに力を注ぐことができません。

チームに必要な情報はいつでも共有できるように残し、スムーズに引き継げるようにしましょう。ここまで整えておくのがリーダーの仕事です。

効果的に評価を伝えるコツってありますか？

POINT
社内の評価基準をもとに、チームのビジョンと関連づけて伝える

評価のポイントは正確さと前向きな言葉

メンバーに年次の評価結果を伝えるときは、結果の良し悪しにかかわらず、曖昧な表現は避けなければなりません。そもそもなぜ評価結果を伝えるのかというと、それは現状の正確な評価を伝えることで、**今後さらに伸ばしてもらいたいことや、改善のポイントなどについて認識し、役立ててもらうためです。**

評価があまり思わしくない場合は伝えにくいかもしれません。しかし、一時的な感情を優先して優しい言葉で言い繕ったり、遠回しな表現をしたりした結果、本当に伝えたかったことが相手に伝わらず、反省や成長につながらなければ何の意味もなく、メンバーのためにもなりません。

評価を伝えるときは「**直接的な表現**」「**正直な伝え方**」「**前向きで次につながる言い方**」の3つを意識してください。まず、なぜこのような評価になったのかを社内の評価基準にもとづいて説明します。ここで相手に納得してもらうためには、リーダーが評価基準の中身をしっかり理解しておくことが必要です。それに対して現状どのくらいの成果が出せたか、また出せなかったのかを正確に伝えましょう。その際、リーダーは**会社やチームのビジョンとメンバーの仕事内容を紐づけて伝える**ようにします。そして、ビジョンや目標を再度意識づけ、今後につながる具体的なアドバイスと、モチベーションが上がるような前向きな言葉を添えてください。ここまでできて初めて、評価結果の伝達といえます。

お答えしましょう!

感情は脇に置いて、事実と期待を伝えましょう。その際、目標を再度意識づけられるように伝えましょう。

■ どんな評価も伝わらなければ意味がない

間接的
曖昧
ネガティブ
ボソ
ボソ…
?
さっぱり
わからない……

遠回しで曖昧な表現では正しい評価が伝わらず、メンバーのためになりません。

なるほど!
直接的に!
正直に!
前向きに!

正直な評価と改善点を、明確な表現かつ前向きな気持ちで伝えましょう。

悪い評価を伝えるときはどうしたらよいですか？

お答えしましょう！

相手の成長を考えて、メッセージは極力シンプルに伝えましょう。自分の感情を抑えて話すのがポイントです。

■ 多すぎる助言は相手の頭に入らない

君が改善すべき100個の問題点について……
ひ〜っ!!

善意のアドバイスも多すぎると
相手はキャパオーバーになり、逆効果です。

感情を乗せた途端評価は伝わらなくなる

当たり前のことですが、メンバーに伝える評価は良いものばかりではありません。リーダーとしてメンバーの仕事を見ていると、「どうしてあの人は、こんなに頑張っているのに結果を出せないのだろう？」「もう少しこうしたらいいのに」と期待値とのギャップにモヤモヤしたり、ハラハラしたりすることがあります。また、あきらかに本人の詰めの甘さが原因でミスや失敗をした場合には、「何を

POINT
悪い評価を伝えるときは、人格否定ではなく「仕事」に焦点を当てる

■問題視するべきはメンバーの「人格」ではない

改善すべきはメンバーの人格ではなく、仕事の進め方であることを強調します。

やっているんだ！」と声を荒げたくなってしまうこともあるでしょう。しかし、そんなときこそ、リーダーは自分の感情を抑え、受け手であるメンバーのことを第一に考えるべきです。

まず、基本的に**助言は少ないほうが望ましく、できれば一度にひとつ、その時点で最も優先順位の高いものだけに絞る**ようにします。怒りや不満の感情が加わると、あれこれ過去の失敗も蒸し返したくなりますが、それ以上言うと、確実に相手はキャパオーバーになります。結果、「叱られた」「説教された」という嫌な記憶しか残らず、仕事へのモチベーションも一気に下がってしまいます。

したがって、悪い評価を伝えるときは、ひとつのことを端的に伝えるようにしましょう。伝え方としては、**悪いのは「あなた」という人格そのものではなく、「こういう仕事の進め方をしていたから」と、「仕事」にスポットを当てる**のがよいでしょう。そして、次にどういう行動をとるべきかを、本人に直接問いかけてみてください。

答えが見つからず困っているようなら一緒に改善策を考え、リーダーとしてアドバイスしていきます。

成功をリーダーの手柄にするのはNGですか？

お答えしましょう！

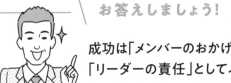

成功は「メンバーのおかげ」、失敗は「リーダーの責任」としてふるまえると、メンバーはついてきてくれます。

■メンバーの失敗を詫びるのはリーダーの務め

本当はおれのミスなのに……
わたしのミスです。申し訳ありません
次からは気をつけて

自分に非がなくとも、チームの代表として謝罪することが重要です。

POINT

リーダーのふるまいが、メンバーのモチベーションに大きな影響を与える

できるリーダーこそ手柄はメンバーに渡す

何か問題が発生したとき、リーダーがどのようにふるまうかは、メンバーのモチベーションに大きな影響を与えます。たとえば、あるクライアントからミスを指摘され、それがあなた自身のミスではなく、メンバーの不注意によるミスだったと仮定します。こんなとき、あなたならどうしますか？　クライアントの前で「これは部下である○○の確認不足が招いたことです」と言い、「わたしには何の

■自己顕示欲を抑え手柄はメンバーに譲る

○○さんのおかげよ。よく頑張ったわね！
ありがとうございます！
自己顕示欲
封印

「手柄はメンバーのもの」。それこそが、かっこいいリーダーのモットー。

落ち度もありません」というような顔をするでしょうか。事実だったとしても、これではリーダー失格です。

　メンバーから信頼されるリーダーを目指すのであれば、「**メンバーのミスはリーダーのミス**」がモットーでなければなりません。メンバーに責任を押しつけるのではなく、「**確認を怠り、事前にミスを発見できなかった自分の責任**」と捉え、リーダーがクライアントに謝罪することが大切です。その姿を見たメンバーは「二度と同じミスをしないようにしよう」と、より強い責任感をもつようになるはずです。

　ただ、それは意外に難しいことです。リーダーも人間ですから、ミスがあればメンバーを責めたくなります。また、自分の努力やよい結果を誰かにほめてもらいたいと思うこともあるでしょう。ですが、それを表情や言葉に出さないのが、かっこいいリーダーです。メンバーはリーダーの行動をよく見ています。「**手柄はメンバーのもの、失敗はリーダーの責任**」を貫けるリーダーには、必ず人がついていきます。結果、チームの目標が達成され、リーダーの株も上がるのです。

リーダーである自分がミスをした場合はどうしたらよいですか?

お答えしましょう!

リーダーも失敗することは当然あります。ミスを素直に認め、心からの謝罪を一度行うようにしましょう。

■ 理想的なリーダーはどっち?

みんなで決めたことだ。
わたしは悪くないぞ〜
どっちがいい?
わたしのミスです。
みんな申し訳ない!
キリッ

器の小さいリーダーよりも、
器の大きいリーダーに人はついていきたいもの。

素直にミスを認め次につなげていく

リーダーも人間ですから、間違えることがあって当然です。たとえば他社とのコンペで、「うちはA案でいこう」とリーダーが最終決定したものが選ばれなかった場合、それはリーダーの判断ミスといえます。そんなときは、あれこれ言い訳を並べるのではなく、素直にミスを認めることが大切です。

自分の立場を守る「器の小さなリーダー」よりも、どんなときでも誠実な姿勢を見せる「器

POINT
誠意ある態度を示すことがリーダーのあるべき姿

■しつこい謝罪はリーダーの株を下げる

頼りないな……
申し訳ありません
もう
10回目……
謝罪会見

何度も謝ることは逆効果となり、メンバーからの信頼や士気にもかかわります。

の大きなリーダー」にこそ、メンバーはついていきたいと思うはずです。リーダーがいつまでもミスを認めずにいると、その後の対応が遅れ、チーム全体を停滞させてしまいます。ミスを認めて謝罪しなければ、次に進むことはできないのです。

ただし、**むやみに何度も謝ることは逆効果**となります。リーダーがいつまでも申し訳なさそうな顔をしていると、「うちのリーダーは頼りないな」と感じ、チームの士気が下がってしまうからです。**謝罪は心から、一度行えばそれで充分**です。

一方、リーダーは自分のミスでなくても、チームを代表して謝罪しなければならないことがあります。しかし、交渉や商談における主張の違いが原因のトラブルの場合は、たとえクライアントからの苦情であっても、リーダーは安易に謝ってはいけません。状況を確認せず、またメンバーの話をよく聞かないまま、その場しのぎで謝ってしまうと、メンバーの立つ瀬がありません。形だけの謝罪はどこかで必ずゆがみが生じます。**あきらかにこちらに否があるとき以外は、むやみに謝らない**ことも、リーダーへの信頼につながっていくのです。

メンバーの大失敗にリーダーはどうふるまえばよいですか？

POINT
失敗は成長につながるよい機会と捉え、次のアクションを行う

お答えしましょう！

ミスを責めるのではなく、「次に頑張ればいいんだよ」と、挽回のチャンスを与えるようにしましょう。

■ 人前での非難はご法度

君のせいで大迷惑だ！
すみません……
そんな言い方しなくても……
パワハラだ……

いかなる場合でも、メンバーを人前でつるし上げることはNGです。

トライした結果の失敗は成長のチャンス

メンバーがトラブルの一報をもってやってきたら、まず**「ありがとう」と感謝を伝えましょう**。この手の報告はできることなら聞きたくありませんが、それは伝える側も同じです。それでも、「手遅れになる前に」と勇気を出して報告・相談に来たわけですから、たとえ本人に非があっても、その場で責めてはいけません。すぐに解決策を考えればよいだけのことです。そもそも問題を起こそうとし

■メンバーのトライ&エラーを奨励しよう

失敗を恐れず、積極的にトライできるような雰囲気をつくることが必要です。

て仕事をしている人はいません。問題が起きた時点で、大抵のメンバーは責任を痛感し、反省しているものです。ですから、あきらかにメンバーのミスであっても、**人前でつるし上げるようなことがあってはいけません**。顔を潰されたという嫌な記憶だけが残ってしまうからです。また、場合によってはパワハラになります。

　このときに大切なのは、やはり**失敗したメンバーの立場になってみる**ことです。過去を振り返れば、あなた自身にも数々の失敗があったでしょう。もう取り返しがつかないと、思い詰めたこともあったはずです。しかし、そんなあなたが、今リーダーという立場にあるということは、それを乗り越えたということです。失敗したあなたを受け入れて助言をくれたり、挽回するために支えてくれたりした人がいたのではないでしょうか。それと同じように、今度はあなたがメンバーの立場になって接してあげてください。

　トライ&エラーは成長に必要不可欠な要素です。トライした結果の失敗は励まし、メンバーのチャレンジを応援する。そんな器の大きいリーダーであり続けましょう。

16 メンバーを守るのはリーダーの義務？

どんな矢が飛んできても逃げないのがリーダー

リーダーのもとには日々いろいろなトラブルが舞い込みますが、なかにはメンバーには非がないのに、クライアントや他チームから非難を浴びることがあります。そんなときこそ、リーダーの出番です。クライアントや他チームとのトラブル交渉のときは、リーダーが必ずチームの矢面（やおもて）に立ち、「**最終ラインは自分が守る**」という姿勢を見せることが重要です。

たとえば、メンバーがクライアントの担当者に理不尽なことを言われたとします。このとき、「相手はクライアントなのだから何を言われても仕方がない」と、相手側に立ってしまうと、メンバーは「リーダーも自分の味方になってくれないのか」と、突き放されたような絶望感を味わうことになります。

相手があきらかに理不尽なことを言っていたら、「それは御社としての方針ですか？　上司や役員に確認してもよろしいですか？」と、毅然とした態度で尋ねてみましょう。すると、相手は口ごもったり、案外コロッと態度を改めたりするものです。こうしたトラブルは、現場だけで解決しないようにするのが無難です。

他チームとの交渉になったとき、情報収集や資料作成などの作業をメンバーに任せることはあっても、**チーム外からの非難や追及など、メンバーの業務を妨げるようなことは、リーダーが全力で阻止します。チームの盾になって矢面に立つ**。どんなときも、逃げずにメンバーを守れる人が真のリーダーです。

POINT
何があっても「最終ラインは自分が守る」という意識をもつ

お答えしましょう！

多方面から飛んでくる理不尽な苦情や非難の“矢”からメンバーを守ることが、リーダーの使命です。

■リーダーとはチームを守る勇者！

理不尽怪獣が
現れた!?
何て頼もしい
リーダーだ！
守
チームのみんなは
わたしが守る！

理不尽な苦情や非難、無茶な要望など、チームにはさまざまな問題が発生します。それらからメンバーを守りつつ、目標達成までの道のりを先導するのがリーダーの務めなのです。

リーダーに必要な業務遂行能力 17

孤立しているメンバーをどう扱うべきですか？

POINT

「異分子」を生かせるかどうかはリーダーの行動次第

メンバーが孤立するふたつの原因

チームで仕事をしていると、どうしても孤立してしまうメンバーが出てきます。その原因はふたつ、**「本人起点」**と**「まわりの見方」**によるものがあります。

「本人起点」で起こりやすい事例が、**理想と現実のギャップ**によるものです。「自分はこれを実現するためにこのチームに加わったのに、ほかのメンバーたちは何もできていない」と、**自分だけの理想を追い求めすぎるばかりに、周囲を非難**してしまうのです。すると、周囲はついていけないばかりか、その人を敬遠するようになります。しかし、本人は「なぜ理解してもらえないのか？」と悩んでいる可能性があります。そんなときはリーダーが声をかけ、チームとしての目標と、「まずはこれを頑張って、次はこれに取り組むのだ」といった、**目標に向かうための明確な道筋を示す**ことが必要です。そのうえで、本人に歩み寄りを模索してもらい、周囲のメンバーにも同様に促してみてください。

また、「まわりの見方」によって起こる孤立の場合は、**「インクルージョン」（受容）をチームに浸透させる働きをリーダーが率先して行う**ようにしましょう。慣れ親しんだメンバーだけで仕事をすることは、そのときはストレスフリーでも、長い目で見ればチームの価値を下げることになります。**新しい価値を生み出すリーダーは、常に「異分子」を歓迎する**ものです。孤立しがちなメンバーこそ、チームに新しい風を吹き込んでくれるものです。

お答えしましょう!

本人起点の場合は「歩み寄り」を促し、まわりの見方の場合は「インクルージョン」を浸透させましょう。

■ 孤立する原因を見極め対処しよう!

孤立する側のメンバーも思い悩んでいるものです。全員が気持ちよく働けるチームをつくるにはどうしたらよいか、簡単なことではありませんが、模索していきましょう。

やる気のないメンバーはどう扱えばよいですか？

POINT
力を発揮できていないメンバーを救うのが、腕の見せどころ

お答えしましょう！

非難せず、どうすればメンバーのモチベーションや能力を上げられるか考えてみましょう。

■「あいつは使えない」＝レッドカード

使えないやつだな……
えっ!?
レッドカード
ピー!!
ボ〜

「あいつは使えない」とすぐに見限るのは、リーダーとして怠慢です。

リーダーとメンバーでは見えているものが違う

メンバーに接していると、リーダーである自分に比べ、やる気を感じなかったり、頼りなく感じてしまったりすることがあります。そんなときは、**その事実を「こういうもの」として一旦受け入れ、どうすればメンバーの意識や能力を高めることができるかを考えてみる**ようにしましょう。

まず、やる気が感じられないメンバーに対しては、**やる気が出ない理由に歩み寄り、より活**

■ 他人のやる気を自己判断してはいけない

相手の内なるやる気に気づいていないだけかもしれません。

躍できる場所がないか探してみましょう。そのときに気をつけなければいけないのが、リーダーの目にはやる気がなさそうに見えても、本人はやりがいをもって取り組んでいる場合があるということです。

たとえば、営業の人からすると、一日中パソコンに向かって、ただ黙々と作業をしているエンジニアは、つまらなさそうに見えることもあるでしょう。でも、当の本人は楽しんで仕事をしている場合もあるのです。**人によって感じ方が違う**ということを、リーダーはきちんと理解しておきましょう。

チームのなかには「あいつは使えない」と言われてしまう人がいます。しかし、リーダー自らがそういう言い方をした時点で、そのチームは負けです。**「あいつは使えない」という表現は、「あの人は役に立たない」という意味ではなく、「わたしにはあの人を使う能力がない」という敗北宣言**だからです。

相手を非難する前に、まずはリーダーとしての自分の役割を見直してみましょう。それでも仕事を怠る人に対しては、それ相応の処遇にする、またはチームから離れてもらうなどの対応を検討していきます。

やる気が空回りするメンバーをどう扱うべきですか？

お答えしましょう！

やる気があるのにうまくいっていないようであれば、やり方を見直すようにアドバイスしましょう。

■ 真面目すぎるメンバーには注意が必要？

やる気が空回りしていることに、本人はなかなか気づかないものです。

POINT
メンバーの気持ちを尊重しつつ、やり方の見直しを助言する

やる気の空回りは周囲の助言で改善できる

メンバーがやる気にあふれて仕事をしている姿を見ると、嬉しいものです。また「この仕事はわたしにやらせてください」と積極的に手を挙げるメンバーには、期待も高まります。

しかし、なかには本人にやる気があっても中身が伴っていなかったり、結果がまったく出せなかったりという場合も少なくありません。

そういう人ほど「早く一人前扱いをしてほしい」という承認

■メンバーが自滅しないよう常に配慮しよう

手伝います！
助かった
周囲を頼って
いいのよ！
ホッ

状況に応じて、周囲が声をかけたり、手を差し伸べたりすることが必要です。

欲求があったり、「自分からやると言い出したからには、あとには引けない」と責任感が強かったりして、周囲に「助けてほしい」と言えず、仕事を抱え込んでしまいがちです。

しかし、本人のキャパシティを超えた業務を無理に続ければ、その人が潰れてしまうだけでなく、チームとしてもよい結果にはなりません。

このようにやる気が空回りしているメンバーがいたら、本人の前向きな気持ちを尊重しつつ、**本人の能力に見合った仕事量に調整するか、またはやり方自体を見直す**ように促してみましょう。

もし、あれもこれもと業務を抱え込み、身動きできない状態になっているのなら、リーダーがマルチタスクをさばくときと同じように、**やるべきことをひとつずつ時間で区切り、優先順位の高いものから取り組むようにアドバイス**してください。そうすることで、スムーズに事が運ぶようになる可能性が高くなります。リーダーがほかの仕事に追われている場合は、次のリーダー候補にコーチング役を託してみるのもよいでしょう。メンバーに人を育てる経験をさせることも重要です。

会社の無意味なルールに対して、アクションを起こすべきですか？

お答えしましょう！

時代や状況に応じてルールは変えていくべきです。まずはリーダーであるあなたから声を上げてみましょう。

POINT
状況に合わせて、リーダーが率先してルールを変える

■ 組織には大抵不要なルールが存在している

女性は
オカッパ頭！
男性は坊主頭！
入社式

社員のモチベーションを下げるルールに意味はありません。

まずはリーダーから声を上げてみる

組織のなかには数々のルールが存在します。その主たるものが、古くから続くしきたりであったり、過去の失敗から生まれた防衛策だったりします。そして、組織が大きかったり、歴史が長かったりすればするほど、その数は増えていくのです。

しかし、これらのルールは、何か新しいことを始めるときに足かせになることがあります。たとえば、毎月○回と回数が決められている会議があまり意味

■そのひと声が組織をよりよいものに変えるかも？

あんなルール
無意味では？
YES
YES!
YES
賛成!!

不要なルールをなくすため、あなたが最初のひと声を上げる人になりましょう。

をなしておらず、メンバーの大切な時間を奪うことになっていたり、古くから続く年功序列の評価制度が若いメンバーのモチベーションを下げたりといったケースがあります。社内では当たり前に浸透しているルールが、実は業務の妨げになっていたり、時代遅れだったりすることは、よくある話です。

　とはいえ、長年続いてきたルールを変えるのは容易なことではないと思い込んでいる人は少なくありません。そして、違和感をもちつつも、「ルールだから仕方がない」と受け入れている人が多いと思います。

　ですが、**不要なルールはなくし、有益なものに変えていくべきです**。それを最初に言い出すのは勇気がいる行動ですが、だからこそリーダーが率先してやるべきです。「あの制度、いらないと思うんだよね」と軽くつぶやいてみるだけでも有効です。すると、「実はわたしもそう思っていたんですよ」と、賛同してくれる人が現れます。**きっかけさえあれば、無意味なルールは淘汰され、自然と有益なものだけが残ります**。そして、**必要なものであれば定着するはずです**。まずは、初めのひと声を上げてみましょう。

コーチングって重要ですか？

お答えしましょう！

メンバーの心を動かし、本人がもっている能力を引き出すための手法として、コーチングがおすすめです。

■ コーチングがもたらす「気づき」や「きっかけ」

自分自身の力でできたという感覚は、モチベーションアップにつながります。

コーチングによって相手の力を引き出す

リーダーの重要任務は、メンバーの心と潜在能力に働きかけ、その力を最大限に引き出すことです。とはいえ、どうやったらその力を引き出せるのか悩むこともあるでしょう。そんなときは、ぜひ**コーチングスキル**を学んでみましょう。

コーチングの「コーチ」は英語の「馬車」が語源と言われています。馬車の役割は、乗客をその人が望むところまで連れていくことです。ビジネスでいう

POINT
本人が「自分の力で成長できた」と思わせることが重要

■ ビジネスにおけるコーチングとは?

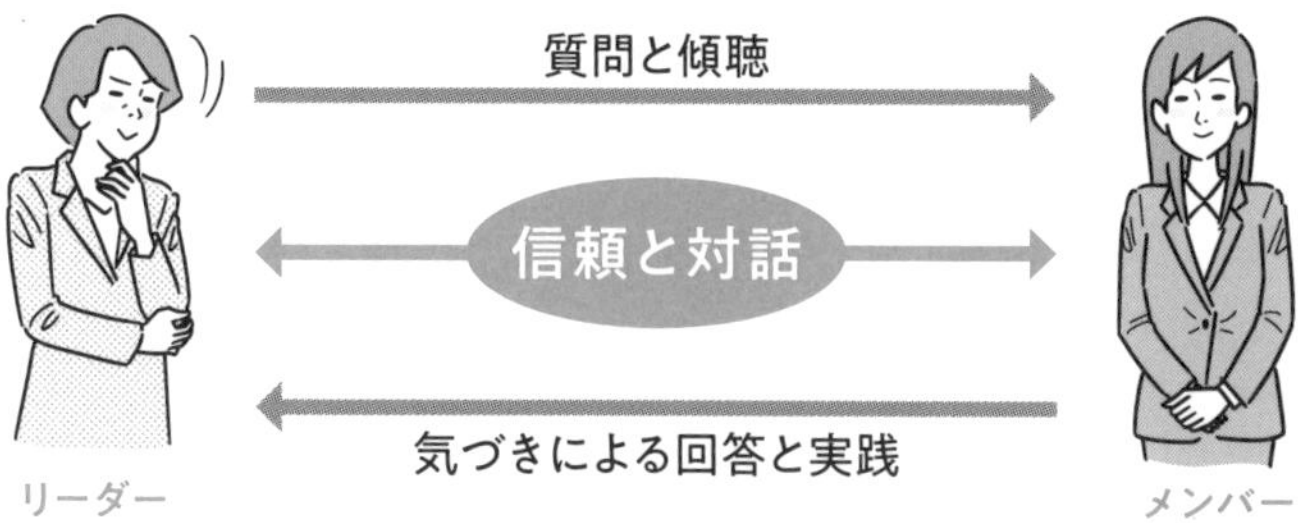

対話で得た自身の「気づき」を、メンバーが実践に移すことがコーチング。

なら、**第三者のアプローチでその人がもっている力を引き出し、「目標達成」や「人材育成」に活用する**ことを指します。

ここでよく誤解されるのが、コーチングを「教えること」や「与えること」だと思ってしまうことです。コーチングはあくまでも、本人がすでにもっている能力に光を当て、引き上げることです。「リーダーからこうアドバイスしてもらったから、成長できた」と思わせるのではなく、**「本人が自分の力でできた」と思えるように働きかける**ことが重要です。ちょっとした感じ方の違いではありますが、その違いが仕事に対するモチベーションや向き合い方を大きく変えていきます。

ただ、リーダーになる人全員がこのスキルをもち合わせているとは限りません。また、リーダーになれば自然と身につくわけでもありません。そのため、**リーダーもコーチングスキルを積極的に学ぶ必要があります。**コーチングに関する参考書を読んだり、講演を聞いたり、研修を受けたりして修得しましょう。メンバーの成長がチームの発展につながるように、リーダーも日々、学んで成長していかなければなりません。

その
2
業務遂行能力編

\ リーダーに必要な10のポイント! /

- ☑ 1．複数の業務を行う際は時間配分と段取りを意識する
- ☑ 2．メンバーに適切な「連絡」と「相談」をしている
- ☑ 3．失敗を恐れずに意思決定ができている
- ☑ 4．メンバーを適材適所の仕事に振り分けできている
- ☑ 5．メンバーに対し「依頼・打診」にもとづいた接し方をしている
- ☑ 6．会議を行う際は「目的」と「ゴール」を共有する
- ☑ 7．必要な情報はいつでも共有できるように業務をマニュアル化している
- ☑ 8．自分がミスをした場合には潔く謝罪する
- ☑ 9．メンバーのトライ&エラーを推奨し、どんなときでもメンバーを守る覚悟でいる
- ☑ 10．メンバーが能力を発揮できるように働きかける

第2章では、リーダーが身につけるべき
業務遂行能力について学びました。
日々の業務を効率化できるかどうかは、
リーダーのやり方次第です。

第 3 章

目標達成に向けた進捗管理術

リーダーとなったからには、チーム全体だけでなく、個々のメンバーの仕事の進捗を把握し、適切に管理していくことも任務です。本章では数字やデータにもとづく具体的な進捗管理の重要性を説きつつ、メンバーの個性や心身面に配慮した進捗確認についても言及します。

目標達成に向けた進捗管理術 1

進捗管理はなぜ重要なのですか？

POINT

メンバーの動きを把握し、計画との差がないかを確認する

目標に向かって順調に進んでいるかをチェック

チームで仕事をするプロジェクトは、「目的」と「ゴール」の共有が不可欠です。これが明確でなければ、メンバーは「いつまでに」「何を」「何のために」やるかがわかりません。ペアで行う仕事なら口頭でのコミュニケーションだけでお互いの状況を把握できますが、人数が多くなればなるほど、個々がどう動いているのかは見えにくくなります。そこで必要なのが、チーム全体の動きを俯瞰（ふかん）的に捉え、かつメンバー個々の動きをきちんと把握しておく**進捗管理術**です。進捗管理は、基本的にリーダーが行います。

進捗管理の一番の目的は、**各メンバーが担当するタスクの進捗状況を確認し、計画との差が生じていないかを把握する**ことです。「終わりよければすべてよし」という言葉がありますが、それはあくまで個人で動く場合です。個人プレイであれば、最終的な期日までに間に合えば、作業ペースや時間配分は自由にコントロールできるので問題ないでしょう。しかしチームプレイでは、誰かひとりが遅れると、ほかの人の業務にまで影響を及ぼし、無意味な「待ち」の状況をつくってしまったり、本人に落ち度がなくても不本意に急かしてしまったりと、迷惑をかけます。また、プロジェクトの遅延や品質低下といった事態になれば、取引先からの信頼も失います。目標達成に向けた進捗管理には、こうしたトラブルを防止するだけでなく、余計な労力や費用を発生させないという狙いもあるのです。

お答えしましょう！

チームで動く仕事は、目標達成のためにメンバーの足並みを揃えることが重要です。

■リーダーには常にチームを俯瞰する目が必要

メンバーの状況を確認しつつ、チームプレイが順調に行われているかを把握することが重要です。

進捗管理にもスキルが必要ですか？

お答えしましょう！

リーダーに特別な才能はいりませんが、目標を達成するためのスキルは必要です。

■PMBOK（ピンボック）を学び、リーダーとして成長しよう！

計画の立案と
実務の管理
フムフム…
期限と予算
初めてのPMBOK
リスクマネジメント
コミュニケーション

リーダーになってからも、日々の努力と勉強は不可欠なものです。

進捗管理にも世界標準のガイドラインが存在する

プロジェクトを成功へと導くためには、プロジェクトを適切に管理することが重要です。リーダーに求められる力は「メンバーのやる気を高め、目標を達成させること」なので、コミュニケーションが得意な人が選ばれる傾向にありますが、人間関係が良好なだけではチームの目的は達成されません。

つまりリーダーであるあなたには、チームを目標達成へと導くための、より現実的で実践的

POINT
プロジェクトマネジメントを学ぶツールとして、PMBOKがおすすめ

■ 資格を取得すればビジネスチャンスも!

PMBOKの資格を取得すれば、自身のキャリアアップにもつながります。

なスキルが求められているのです。そのひとつが「**プロジェクトマネジメント**」(プロジェクトを計画通りに遂行させること)です。言い換えれば、QCD(品質・コスト・納期)を計画的に実現させることです。

では、そのプロジェクトマネジメントについて学ぶにはどうすればよいのか……。ぜひみなさんに参考にしていただきたいものが**PMBOK(ピンボック)**です。

PMBOKとは、**プロジェクトマネジメントの手法や知識を体系的にまとめた世界標準のガイドライン**です。1996年にアメリカで初版が発行されて以来、改訂を繰り返し、2024年春の時点では第7版が発行されています。

また、PMBOKを学び、アメリカのPMI(プロジェクトマネジメント協会)が認定する資格を取得すれば、プロジェクトマネジメントに関する知識を有する優秀な人物とみなされ、リーダーとしての価値も上がります。

この資格取得者の有無が、重大なプロジェクトの発注条件になることが増えています。PMBOKは日本語で読むこともできますので、ぜひ活用してみてください。

進捗管理は便利なツールに頼るべきですか？

POINT
「いつでも」「どこでも」「誰でも」把握できるのが、ツールを使うメリット

便利なツールを使ってチームの動きを把握

チーム運営における実際のタスク管理や業務の把握には、便利な管理ツールを活用しましょう。10年ほど前までは、管理手法としてエクセルを使用することが主流でしたが、情報の更新や共有がしにくいという面がありました。VUCA（ブーカ）時代といわれる今は、あらゆるものを取り巻く環境が複雑性を増し、想定外のことが次々と発生するため、すばやく柔軟に対応することが重要視されています。こうしたときに、**「いつでも」「どこでも」「誰でも」状況が把握できる管理ツール**の存在は非常に大きいといえるでしょう。

現在、世の中にはさまざまな管理ツールがありますが、その多くには、タスク管理、進捗管理（ガントチャート）、在庫管理、原価管理、ファイル共有、チャットなどの機能が盛り込まれています。こうしたツールを活用することで、**プロジェクトの進捗状況が可視化され、メンバーのタイムマネジメントを効率よく行う**ことができるのです。また、メンバーに問題が発生した場合にも、トラブルが大きくなる前に対策を考えることが可能になります。

しかし、便利なツールに頼りすぎてしまうと、「本当にこのまま進んでよいのだろうか？」「何か見落としはないだろうか？」と疑うことが疎（おろそ）かになります。**ツールを活用しつつも、随時、自分の頭で考えたり、メンバーと対面でのコミュニケーションを図ったりする**など、基本的なビジネスの姿勢は忘れないようにしましょう。

お答えしましょう!

便利な機能が盛り込まれたツールを使わない手はありません。ただし、頼りすぎるのは要注意です。

■ ツールの有効活用でチームをひとつに

インターネット環境が整っていれば、時間や場所を問わず、チームの進捗状況を簡単に共有できる時代です。リーダーが率先して、適切な活用を呼びかけていきましょう。

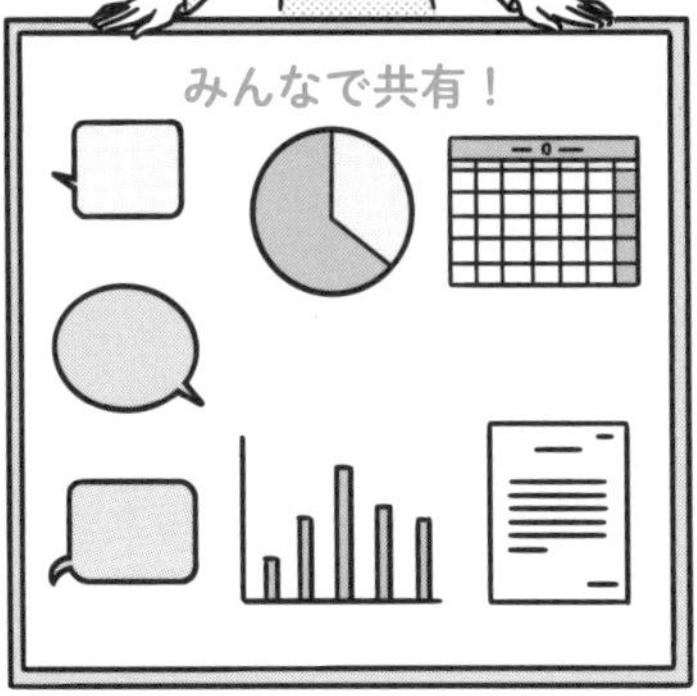

メンバーが新しいツールを嫌がったらどうすればよいですか？

POINT

タイプを見極め、それぞれに合った対処法で歩み寄る

非協力的な人の3つのタイプ

新しい取り組みを進めるなかで、今までのやり方や使っていたツールが変わることを嫌がり、自分のスタイルを貫きたがる人がいます。そういう非協力的な人がいると、プロジェクトの進行全体に悪影響を及ぼすことになります。非協力的な人に協力してもらうには、その人が何に引っかかっているのかを見極める必要があります。そんなときは、**「WHY」「CAN」「WILL」**の3つの視点からアプローチしてみましょう。

まず「WHY」で引っかかっている人は、「**なぜそれを使うのかがわからない**」人です。この人にはそれを使うことによるメリットをきちんと論理的に説明します。「CAN」で引っかかっている人は、「**使わなければいけないことはわかっているけれど、そのためのスキルが備わっていない**」人です。この人には、そのツールの使い方を丁寧に教えて、使えるようにしてあげれば解決します。

一番の問題は「WILL」で引っかかっている人です。この人は「**やるべきことはわかっているし、スキルももっているけれど、やりたくない**」人です。単にそのツールと相性が悪いか、リーダーの指示に対して抵抗していることが考えられます。そういう人には感情面のケアを心がけてみましょう。

「CAN」の人をやる気がないと責めたり、「WILL」の人に正攻法で説得したりしても、うまくはいきません。それぞれのタイプに合った対処法で歩み寄ってみてください。

お答えしましょう!

使いたくないのには何かしらの理由があるはずなので、その不安を解消してあげることが必要です。

■ 非協力的な人の3つのタイプとは?

WHYタイプ

なぜそれを使うべきかわからない人には、それを使うことのメリットを説きましょう。

何それ!?
便利な時短アイテムだよ!

CANタイプ

このタイプは使い方がわからないだけなので、丁寧に使い方を教えてあげましょう。

フムフム
なるほど
このボタンを
押して……

WILLタイプ

なぜ使いたくないのか、相手の真意を確認しつつ、感情面から協力を働きかけてみましょう。

プイッ
桃太郎
きらい
使えば楽ちんだよ……
無視?

メンバーの虚偽報告にどう対応すればよいですか？

お答えしましょう！

進捗状況の捉え方は人それぞれです。定期的に状況を確認し、正しく把握しておきましょう。

■ 進捗報告を感覚に頼ってはいけない

両者の言う達成率「80%」は、はたして同じでしょうか？

メンバーの「大丈夫」は当てにならない

事前に計画を立てても、スケジュール通りにいかないことはよくあります。とくにメンバーの仕事の進み具合は、個々に任せている部分もあり、すべてを管理するのは難しいものです。約束の期日までに完了していればよいのですが、読みや詰めが甘くて間に合わなかったり、大幅な修正が発生したりする可能性もあります。そこで、リーダーは時折、メンバーに進捗状況を確認する必要があります。

POINT

人はよいほうへと解釈したがるもの。でも、常に疑うことが大事

■メンバーへの進捗確認は予告してから行う

進捗については、本人から定期的に報告を受けるようにしましょう。

ただ、**進捗状況は人によって捉え方がまちまちです**。たとえば、綿密に作業を進めている人が言う「80％はできていると思います！」と、大雑把な感覚で物事を捉えている人の80％では、同じ80％でも、その中身は大きく違っているはずです。しかし後者の場合、本人は虚偽報告をしているという意識はありません。もし、そういう人がひとりかふたりであれば、リーダーがリカバリーすることもできますが、10人や20人と多くなれば、チームとしての目標は達成できなくなってしまいます。小さなズレが、大きなトラブルを生んでしまうのです。

そうならないためには、**リーダーが常に疑いの目をもつ**ことが必要です。ただ、不意打ちに「あれはできた？」「どうなっている？」と確認すると、自分はリーダーに信頼されていないと感じ、メンバーはやる気を削がれてしまいます。メンバーに確認したいときは、「毎週金曜日に進捗を聞かせてください」などと事前に知らせておくことをおすすめします。また、**個々の感覚ではなく、管理ツールのガントチャートなどを使って視覚化しておく**ことで、チーム内でのズレも生じにくくなります。

進捗管理には「健康管理」もメンバーの含まれますか？

POINT
いつもと様子が違うメンバーには、一対一で話を聞く

結果が出せていないメンバーにこそ注意を向ける

進捗状況は、定期的な会議や管理ツールなどで把握していきます。ただ、これらの方法は「できているかどうか」の確認だけで終わってしまうことが大半です。できていなかった場合は、「メンバーに落ち度があった」「怠慢だからだ」と思いがちですが、パフォーマンスが落ちている理由はそれだけではないかもしれません。

たとえば、普段は仕事ができる人が成果を出せなかったとき、もしかすると、リーダーの知らないところで他の仕事を任されていて、気づかないうちに仕事量が増えてしまっている可能性も考えられます。そういう人は真面目な性格なので、つい無理をしてしまうのです。

または、職場の人間関係に疲れていたり、プライベートで問題を抱えていたりして、仕事に集中できないことも考えられます。メンバーの表情が暗かったり、遅刻が増えたり、オンライン会議でカメラをオフにすることがあったりしたら、**SOSのサイン**かもしれません。そういうときは、**一対一で話をするようにしましょう**。話を聞くだけで改善することもあれば、専門医に診てもらったほうがよい場合もあります。くれぐれも短絡的に**「やる気がない」と決めつけないようにしてください**。本人が話したがらないようなら、「○○さん、最近元気ないみたいだけど、何かあったのかな？」と周囲に聞いてみてもよいでしょう。**メンバーの体調管理や精神的なフォロー**も、リーダーの大事な役割のひとつです。

お答えしましょう！

メンバーの体調管理や精神的なフォローも、リーダーの大事な仕事です。

■ もしかしたらSOSのサインかも？

表情が暗い、ため息が多い、集中力に欠けるなど、いつもと様子が違う場合には要注意です。

遅刻が多い、身だしなみの乱れが目立つなども重要なチェックポイントのひとつです。

オンライン会議でカメラをオフにするメンバーがいたら、個別に様子を確認してみましょう。

適切な進捗管理にはメンバーの「個性」の把握が重要？

相手が大事にしているものを知り尊重する

働く動機や大切にしているものは、人によってさまざまです。また、仕事の進め方にも本人のペースがあります。

たとえば、昇進・昇格に燃える人もいれば、お客様からの評価にやりがいを感じる人、新しい技術を極めることに情熱を燃やす人、細かい作業を正確に行いたい人などがいます。自分と近いタイプなら理解しやすいのですが、なかには「なぜ、この人はこんなことにこだわるのだろう？」と理解できないこともあるでしょう。しかし、**自分の価値観だけで「常識」を決め、それを相手に当てはめてはいけません**。いろいろな人が集まってこそのチームですから、相手が大切にしていることを認め、尊重してこそ高いパフォーマンスにつながります。

仕事の進め方についても、任せたからにはあまり細かい指示は出さないようにしましょう。何でも早め早めを心がけて安心したいタイプの人もいれば、じっくり時間をかけて進めていきたい人もいます。もちろん、期限は守らなければいけませんし、チームとしての目的とゴールを共有するのが絶対条件です。ですが、そこへ向かうまでの過程は、メンバーのやりやすい方法に任せてみましょう。**それぞれが気持ちよく自分の特性を生かす仕事に取り組み、自分のやりやすい方法で進めていくことが、チームにとって一番効果的です**。それには、まずリーダーであるあなたが、メンバーの性格や大切にしているものをよく知ることが重要です。

POINT

メンバーの性格や大切なものを知り、個性を思う存分発揮してもらう

お答えしましょう!

メンバーが大切にしているものを生かすことが、チームのハイパフォーマンスにつながります。

■ どんなタイプのメンバーでも尊重する

昇進・昇格に燃える野心や向上心を応援しましょう。

お客様とのよりよい関係づくりに尽力できるメンバーは貴重です。

データ管理や資料作成など、日々の細かい作業こそがチームを支えています。

進捗会議はやっぱり必要ですか？

お答えしましょう！

変化が激しいVUCA（ブーカ）時代では、達成度の確認だけでなく、ときには中身の見直しも必要です。

■ 進捗会議で「チームの現在地」を確認しよう

中間目標に着いたら
お茶にしよう！
はい！
GOAL!
中間目標
現在地

ゴール（チームの目標達成）まで、あと一体どれくらい？

長期的なプロジェクトは定期的に会議を行うべき

進捗会議というと、「達成度の確認を行う場」と思っている人が多いでしょう。しかし、変化が激しい今の時代、最初に決めたことを信じて実行することが、プロジェクトの成功につながるとは限りません。進めていくなかで新たな課題が出てきたり、当初の予定よりも、もっとよいゴールが見つかったりすることがあるからです。

　プロジェクトが小規模かつ短期間で行われるものであれば、

POINT

進捗会議はプロジェクトの規模によって頻度や必要性が変わる

■会議の開催頻度の一例はシャンパンタワー形式

例：チーム会議なら毎週、事業部会議なら隔週、社内会議なら毎月の開催。

改まって会議をしなくても、リーダーがメンバーに進捗を確認するだけでよいでしょう。しかし、プロジェクトの規模が大きく、多くのメンバーが集まって、長期的に行われるものであれば、ゴールは変化していくという前提で**マイルストーン（中間目標）**を設定しましょう。そして、目標までの到達具合を確認し、途中で修正が入った場合には見直しをするようにしてください。

マイルストーンを設定する際は、「○月頃」や「○月中旬」などではなく、明確な日付と終了条件を定義しましょう。

進捗会議の頻度は一概にはいえませんが、チーム会議なら毎週、事業部会議なら隔週、社内会議なら毎月のように、**シャンパンタワーの形で開催するのも有効**です。すべてにリーダーが出席する必要はなく、チーム会議などは現場をよく知る部下のリーダーに任せておきましょう。大切なのは「会議をやった」という事実ではなく、チームが「**目標達成にどれくらい近づいているのか？**」という現在地を確認しつつ、「**よりよい方向へ前進するためにはどうするべきか？**」をメンバー間で検討していくことなのです。

クライアントからの急な変更にはどう対応すればよいですか?

お答えしましょう!

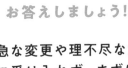

急な変更や理不尽な注文はすぐに受け入れず、まずは現状を説明し、交渉しましょう。

■クライアントを神様だと思ってはいけない!

神様の言うことが聞けんのか!
ちょっと待った!

クライアントからの無茶な要求には、一旦「待った」をかけましょう。

まずは一旦跳ね返すくらいの気持ちが必要

ビジネスは相手があってこそ成立するものですから、もちろんクライアントの意向を無視することはできません。しかし、プロジェクトとしてすでに動き出しているときにクライアントから急な変更が入ると、メンバーが混乱するだけでなく、組織にとっても大きな損害になることがあります。

そんなときこそ、リーダーの出番です。クライアントからの急な変更は、二つ返事で受け入

POINT

どうしても変更しなければならない場合は、納期と金額を交渉する

■急な変更に対する交渉は毅然とした態度で行う

納期の延長、追加料金の請求など、必要なことはきちんと交渉します。

れてしまうのではなく、**まずは一旦「待った」をかけるようにしましょう。**

そのプロジェクトが始まる前には、何度もクライアントと打ち合わせを重ね、どのような方向で進めていくかを確認してきたはずです。それにもとづいて、メンバーに仕事を振り分け、ここまで仕事を進めてきたわけですから、「わたしたちはこういう考えのもと、今このように進めています」と、理由と現状を丁寧に説明し、一度はそのリクエストを跳ね返すくらいでなければいけません。プロジェクトとは、そのくらいの説得力をもって、計画的に進めていくべきものなのです。

それでもやむを得ず変更しなければならないときは、それによって新たにどのような作業が必要になるかをクライアントに説明したうえで、**納期を延ばしてもらう交渉や、追加料金の請求を行う必要**があります。そして変更が生じた場合は、すぐにメンバー全員に情報を共有し、新たな方法を模索します。

クライアントは確かに大切ですが、決して「神様」ではありません。何でもすぐに受け入れるのではなく、チームを守ることもリーダーの使命です。

その
3
進捗管理編

リーダーに必要な10のポイント!

- ☑ 1．チームの動きを俯瞰的に捉えられている
- ☑ 2．プロジェクトマネジメントの重要性を認識する
- ☑ 3．ツールを有効活用して進捗管理を行えている
- ☑ 4．非協力的な人に対し、適切な働きかけをしている
- ☑ 5．進捗具合は視覚化し、定期的に確認を行っている
- ☑ 6．進捗管理には相手の心身の健康状態も加味している
- ☑ 7．進捗の度合いは一律でなく、相手の個性によって異なることを理解できている
- ☑ 8．あらゆる変化を前提とし、マイルストーン(中間目標)を設定できている
- ☑ 9．案件の規模や状況に応じた進捗会議を開催している
- ☑ 10．クライアントからの無茶な要求に毅然とした態度をとれている

第3章では、進捗管理の方法について
取り上げました。なかなか計画通りに
いかないのがビジネスですが、
根気強く、柔軟にいきましょう。

第 4 章

リーダー必須のコミュニケーション能力

コミュニケーション能力が高いと聞くと、つい話題が豊富で話し上手な人を想像しがちですが、リーダーに求められているのは、自分が「話す力」よりも、相手の話を「聞く力」です。本章では、場面や状況に応じたコミュニケーションのコツを紹介します。

話し上手でなければリーダーにはなれませんか？

お答えしましょう！

話し上手かどうかはそれほど重要ではありません。優れたリーダーはむしろ「聞く」ことを重視します。

■一方的にしゃべり続けていませんか？

メンバーは、あなたのおしゃべりにうんざりしているかもしれません。

POINT
大切な情報を得るためにも、リーダーはオープン・ドア・ポリシーの姿勢でいる

優れたリーダーは「話す」より「聞く」

リーダーとメンバーはその役割上、リーダーのほうが大きな権限をもちます。また、経験による情報の蓄積も多いため、伝えたいことが多くなり、気がつくといつもリーダーが一方通行で話をしているという状況になりがちです。しかしそれではいけません。メンバーが報告や相談をしたいと思っても、リーダーがしゃべり続けていたのでは、メンバーは口を挟むことができず、黙らざるを得なくなる

■“オープン・ドア・ポリシー”を忘れずに

「いつでも相談に乗りますよ」というオープンな姿勢が必要です。

からです。この状況は、メンバーにとって非常にストレスです。

　わたしのこれまでの経験上、確信していえるのは、**優れたリーダーほど「話す」よりも「聞く」ことを大事にしている**ということです。ある大手企業の社長は、社長室のドアを常に開放しておき、いつでも社員が報告や相談に訪れることができる状態にしていました。これは**“オープン・ドア・ポリシー”**といって、ビジネスにおけるリーダーのあるべき姿勢を象徴したものです。

　リーダーは常に忙しいものですが、**メンバーが相談に来たときには作業を中断し、相手の話を聞く姿勢**をとりましょう。片手間で聞くようなことがあってはいけません。ある企業のリーダーは、メンバーが相談に来ると、必ずPCを閉じ、相手の目を見ながら話を聞くことを徹底していました。そういうリーダーのもとには、相談者がひっきりなしに訪れるものです。

　また、**メンバーからの相談は、現場で何が起きているかを知るための大切な情報源**です。優れたリーダーはそれを知っているからこそ、「聞く」ことを決して疎か(おろそ)かにしません。目指すは**「聞き上手」**です。

リーダー必須のコミュニケーション能力

2

相談しやすいリーダーとはどんな人ですか？

POINT

悪い話を聞くときほど、リーダーの器の大きさが試される

まずは感謝を伝え 冷静に解決策を考える

リーダーに寄せられる報告や相談はよい話ばかりとは限りません。むしろ、悪い話を聞くことのほうが多いでしょう。そして、そんなときこそ、メンバーはリーダーの人間性や器の大きさをよく見ているものです。

"Don't shoot the messenger."

という言葉を聞いたことはありませんか？　これは「**悪い報告をしに来た人を撃つな**」という意味で、ビジネスではよく使われる言葉です。たとえば、戦国時代のドラマなどで、家来が戦況報告をするシーンがありますが、こういう場合は大抵追い詰められています。そんなとき、短気な武将は「何だと！」と怒りの感情を家来にぶつけますが、優れた武将は「ご苦労であった」と、まずは命からがら報告にやって来た家来に感謝の意を述べます。そして、今置かれている状況を冷静に判断し、次の戦略を考えるのです。

ビジネスもそれと同じで、**悪い報告や相談のときこそ、リーダーは「聞く耳」をもつ**ことが大切です。できれば言いたくないことを伝えなければならない状況で、しかも叱られることがわかっていたら、隠したくなるのが人間というものでしょう。

しかし、その虚偽や隠蔽（いんぺい）が会社にとって大きな損害になることもあります。そうならないためには、**リーダーが常に報告しやすい雰囲気づくりに努める**ことが重要です。そして、トラブルの一報を伝えに来たときこそ、器の大きなリーダーを演じるべきです。

お答えしましょう!

相談に来たら、まずは、「すぐに伝えに来てくれたこと」に感謝するようにしましょう。

■ “Don’t shoot the messenger.”の精神をもつ!

たとえ悪い報告だったとしても、感情的になることはNGです。

報告に対する感謝と冷静な対処で、リーダーの器の大きさを示しましょう。

メンバーとの距離を縮める方法とは？

POINT
役職・年齢にかかわらず、メンバー全員を「さん付け」にする

チームの風通しは「さん付け」でよくなる

英語圏の人たちは、「ハイ、マイケル！」「グッドモーニング、イチロウ！」というように、あいさつの際には必ず相手の名前を呼びます。実際に名前で呼ばれてみるとわかるのですが、単にあいさつの言葉だけよりも親近感がわくものです。

日本ではビジネス関係にある人とファーストネームで呼び合うことは稀ですが、「○○さん」と**「さん付け」にしてみるだけで、相手との距離はグッと縮まるように感じます**。相手に「部長」や「課長」などの肩書きがあったり、自分よりはるか年下のメンバーだったりしても、意図的にみんな「○○さん」と呼んでみてください。そして、メンバーにもリーダーである自分を「○○さん」と呼んでもらうのです。初めはお互いぎこちないかもしれませんが、毎日呼び合ううちに次第に慣れてくるものです。

「さん付け」をするメリットは、上司と部下がフラットな関係性を築きやすく、**チームの風通しが劇的によくなる**ことです。たとえば会議で「今、○○さんが述べた提案に対して、△△さんはどう思いますか？」という聞き方をするだけでも、それぞれのメンバーを大切にしている雰囲気が伝わります。

一方、業界によってはいまだに部下やメンバーを呼び捨てする文化が浸透していることがあります。そういう会社は主従関係になりやすく、メンバーは意見が言いづらいものです。チームにとってどちらがよいかは一目瞭然ですね。

お答えしましょう!

チームの風通しをよくするために、肩書きや呼び捨てではなく「さん付け」で呼び合ってみませんか。

■「さん付け」でチームがフラットな関係に

人は名前で呼ばれると親しみを感じるものです。

普段の何気ない会話も大切ですか？

お答えしましょう!

日頃からコミュニケーションをとることはもちろん大切です。まずはリーダーから声をかけてみましょう。

■メンバーのプロフィールを把握しよう

相手の出身地や趣味がわかれば、話題を広げやすくなります。

出身地や趣味を会話のきっかけに

メンバーとの距離を縮めたければ、相手のプロフィール情報を得るようにすると、コミュニケーションはよりスムーズになります。とくに**相手の出身地や趣味**については把握しておくとよいでしょう。そうすれば、その人への興味の幅が広がりますし、新聞やテレビでそれに関する情報を得たときに、自分が普段気にしていなかった話題にも関心がもて、メンバーに声をかけるきっかけにもなります。

POINT
会話の中身よりも、話しやすい雰囲気をつくることが大切

■ ペットの話題で盛り上がろう

ペットを愛する者同士なら、きっと会話も弾みます。

たとえば、メンバーが大の阪神ファンならば、「今年の阪神は強いですね」という言葉で相手と喜びを共有することができますし、映画鑑賞が趣味の人ならば、「あの映画おもしろかったですよ。○○さんは見ましたか?」と話しかけることができます。出身地がわかれば「○○さんは香川県のご出身でしたよね。いつか旅行したいと思っているのですが、おすすめのうどん屋さんはありますか?」などと、**話題を深掘りすることができます**。

また、相手が**ペット**を飼っている場合、その話をすると大抵盛り上がります。わたし自身も犬を飼っていますが、ペットの話をしていると、自然と頬が緩むものです。もしも相手が、家族やお子さんの話をよくする人ならば、それを話題にするのもよいでしょう。ただし、人によってはプライベートな話をしたがらない場合もありますので、**配慮は必要**です。

こうしたプロフィール情報は必死に収集するというよりも、ちょっとした会話のなかから出てきた情報を心にとめておき、ときどき**コミュニケーションのきっかけ**にしてみるくらいがちょうどよいでしょう。

コミュニケーションツールはやっぱりチャットですか？

お答えしましょう！

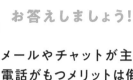

メールやチャットが主流ですが、電話がもつメリットは侮れません。場面に応じて使い分けましょう。

■メールだけでは伝わりづらいことがある

一体どういうことかしら……？
これで伝わるかな……
PC
PC

文字だけではニュアンスが正確に伝わらない場合も……。

POINT

伝えられる情報量、レスポンスの速さでは、電話のほうがおすすめ

伝えたい情報によってツールは使い分けよう

コロナ禍でリモート勤務が進んだこともあり、ビジネスでもメールやチャットがコミュニケーションツールとして浸透するようになりました。こうした文字コミュニケーションは、相手の時間を奪うことがないうえに、履歴も残り、チーム間での情報共有に優れていることから、ビジネスに有効なツールであることは間違いありません。

ただ一方で、リアクションの主導権を相手に委ねるという意

■電話でのコミュニケーションを有効活用

電話で直接話すことには、いろいろなメリットがあるものです。

味で、主体的なコミュニケーションがとりにくかったり、相手の感じ方によって**誤解や感情のもつれを生み出してしまったりする面がある**ことを知っておきましょう。その点、電話は伝えられる情報量やレスポンスの速さから見ても、文字コミュニケーションと比較して、格段に優位性があります。

たとえばメンバーからトラブルの一報を受けるとき、メールでは情報が不足しますし、緊急度や深刻度も文字だけでは十分に伝わらない可能性があります。**声のトーンからわかることは、想像以上に多いものです。**

また、他所にいるメンバーに仕事の相談をするとき、メールやチャットでやりとりをすると、返事が遅れたり、聞きたいことへの回答が一度でもらえなかったりと、想像以上に時間や手間を要することがあります。ですが、電話なら数分で解決できてしまう場合があるのです。その際に、**本題以外の情報交換ができたり、相手の状態や体調がわかったりする**こともあります。メールもチャットも電話もそれぞれよい点があります。**場面や状況に応じて使い分けできることが、上手なコミュニケーション**の第一歩です。

チャットにおけるコミュニケーションのコツってありますか？

POINT
チャットを活用するメリットは、全員が情報を共有できること

お答えしましょう！

チャットを活用するときは、DMを封印し、情報は極力オープンにすることを心がけましょう。

■ DMのせいでチームの関係が悪化する？

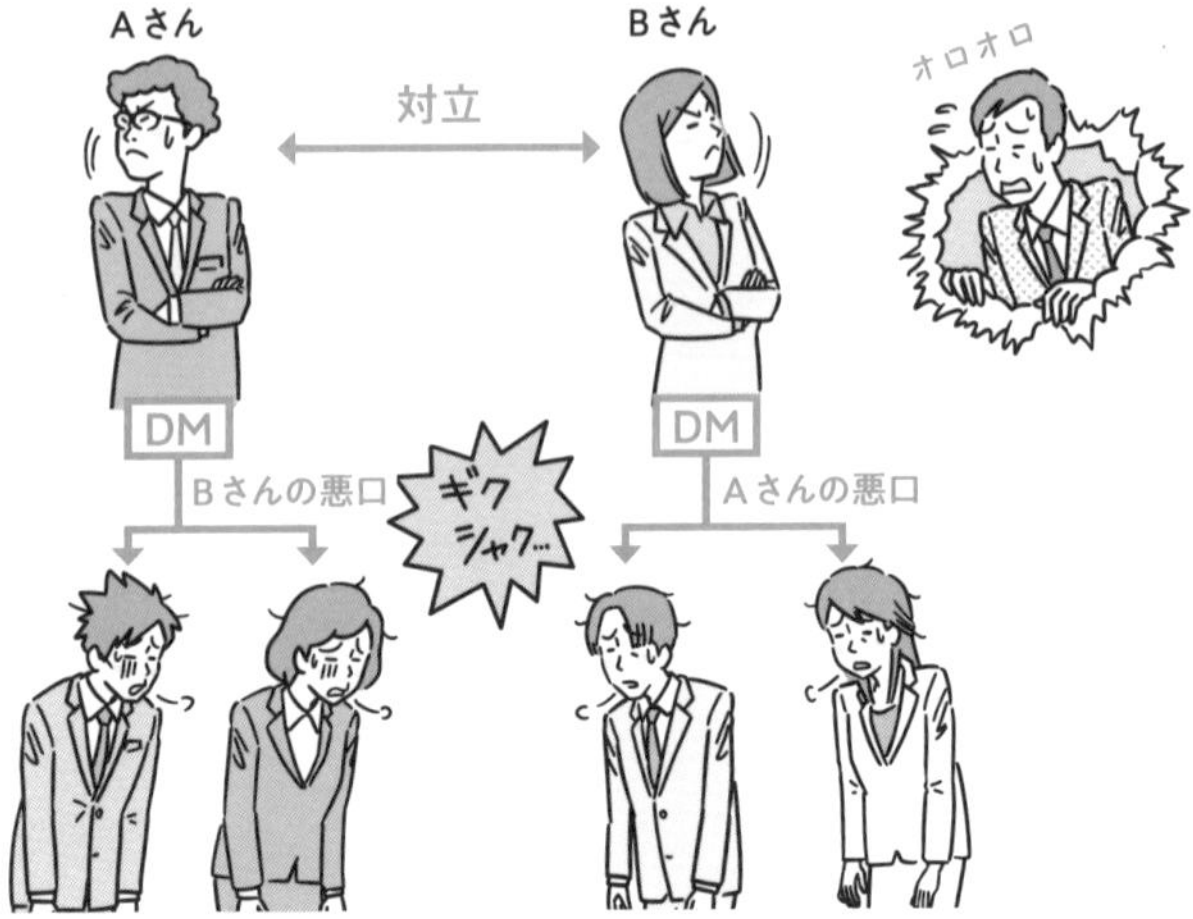

一部の人の対立が、チーム全体を疲弊させてしまうかも……。

DMでのやりとりはチームを険悪にする

今の時代、仕事をするうえでメールやチャットは必須ツールです。とくにスピーディーかつシンプルなコミュニケーションができるチャットの利便性を感じている人は多いでしょう。

ただし、これらを使う際には気をつけたいポイントがあります。それは、**なるべくダイレクトメッセージ（以下DM）機能を使わずに、オープンなチャンネルを活用**することです。

DMはメンバー全員に知ら

■ チームに関する情報はオープンに

オープンなコミュニケーションで、明るく健全なチームを維持しましょう。

せる必要のない情報を一対一、または限られた人数でやりとりするものです。しかし、そもそもチャットのメリットは、瞬時に多くの人に向けて情報を行き渡らせ、履歴として残すことで、継続的に情報共有ができるという点にあります。**情報をオープンにしておくことで「言った」「聞いていない」などの誤解や不平等がないように、チームの健全化を図っている**といえるでしょう。

ところが、一部の人がDMを使い出すと、初めは業務上の連絡をしていても、次第にチーム内ではオープンにできないような**陰口や秘密のやりとり**が行われるようになるものです。すると、**チーム内の人間関係がギクシャクしてしまう**ことは目に見えています。「このチームは何だか雰囲気が暗いな……」と感じるときは、個人間でDMが頻繁にやりとりされている可能性が高いでしょう。

もちろん、なかには個人情報や社内秘など、メンバー全員にオープンにできない機密情報もあります。しかし、それ以外のチームにかかわる情報は、極力オープンにしましょう。個々に伝えたい場合は、メンションをつければ済むことです。

呑（の）みニケーションは時代遅れですか？

お答えしましょう!

呑みニケーション自体は、メンバーを知るうえでメリットが多いですが、参加するかは相手に委ねましょう。

■ 呑みに誘っちゃダメですか?

「呑みに行こう」と誘いたくても、言い出しづらい人は意外に多いもの。

相手に選択肢を与えるスマートな誘い方がベスト

ひと昔前までは、上司が呑みに誘えば、部下は必ず行くというのが暗黙のルールでした。しかし、今は個人が尊重される時代です。リーダーは呑みに誘いたくても、なかなか誘いづらい世の中になりました。

ですが、わたしは会社以外の場所で、リーダーとメンバーがコミュニケーションをとることはよいことだと思います。普段は仕事の話がメインになる相手と仕事以外の話をすることで、

POINT

呑みに誘うときは、前もって告知し、相手に選択の余地を与える

■楽しく無理のない"呑みニケーション"を

お酒が呑めない人にも配慮し、有意義な時間を過ごせるようにしましょう。

「この人にはこんな特技があるのか」「こんな経験をしてきたんだな」など、新たな一面に気づくことができるからです。

また、お酒が入ることで、普段は話しにくいことも話してくれることがあり、メンバーを知るうえではとても有意義な時間になることもあります。

ただ、今の時代はライフスタイルが多様化しているため、子育てや介護などで呑みに行きたくても行けない状況の人もいれば、自分の時間を優先するために、呑みに行きたくないという人もいるはずです。個々に事情や性格が異なりますので、無理強いしてはいけません。

もし呑みに誘いたいときには、**本人が意思表示できる余地を残すような誘い方**をおすすめします。「来週の金曜に呑み会をするので、参加できる人はぜひ来てくださいね。当日参加もOKです」といった言い方をしてみましょう。「今日これから呑みに行こうよ」という突然の誘いは断りづらく、相手の予定を狂わせてしまいます。

誘う場合は事前に告知し、参加の有無は相手に委ねる。また、お酒が呑めない人にも配慮し、みんなが無理なく楽しめる場にしていきましょう。

やっぱり一対一で話す機会をもつべきですか？

お答えしましょう！

個々のメンバーの思いや状況を把握しておくことは大切です。一対一の面談を積極的に行いましょう。

■ チームに“悩めるメンバー”がいたら？

自分からは話しづらい悩みを抱えているメンバーがいるかもしれません。

一対一だからこそ話してくれることがある

メンバーのパフォーマンスには、本人がもっている能力や経験だけでなく、そのときの体調や心理的な状況も大きく影響します。**メンバーに力を最大限に発揮してもらうためには、リーダーがこうした個々の状況を把握しておくことも大切**です。ただ、定例集会や呑み会などの場は、ほかにも複数のメンバーがいるため、キャリアや職場の人間関係などの悩みについては話しにくいものです。

POINT

メンバーと話すことは、現場の状況を適切に把握する情報源になる

■一対一でじっくり話を聞いてみる

個人が抱える悩みを知れば、チーム全体の問題が見えてくる場合があります。

そこで、**就業時間内に一対一でメンバーと話す機会をもつことをおすすめします**。これによって、今の仕事や将来のキャリア計画などをじっくり聞くことができ、「それならこの仕事を彼に任せてみよう」「この経験をさせておくといいかもしれない」と、本人の未来につながる仕事を振ることができます。

また、人間関係で悩んでいるようなら、メンバーの配置を再考するなど、今のチームの状況をよりよくする対応を考える必要があります。このように、個人から聞く話には、現場の状況を適切に把握する情報が含まれているものです。明確に口に出さなかったとしても、対面で話してみると、**表情やしぐさなどの非言語コミュニケーション**から感じ取れることも少なくありません。そこから一人ひとりのメンバーが何を望み、何に悩んでいるのかをくみ取ることができるでしょう。

一対一のコミュニケーションは、定期的かつ全メンバーと実施するのがベストです。人数が多いと大変ですが、メンバーの意外な一面を知れたり、思わぬ課題を発見したりと、メリットは多いはずです。ぜひ実行してみてください。

リーダーは常にポジティブな言葉を使うべきですか？

お答えしましょう！

言葉は相手に与える印象だけでなく、自分の行動にも影響します。常にポジティブな言葉を意識しましょう！

■ あなたの口癖がチームの士気を下げている？

とりあえず適当に
まあダメだと
思うけど……
そうっすね……

あなたの発する無意識な言葉が、
チームに悪影響を与えているかもしれません。

言葉を変えるだけで行動も印象も変わる

みなさんは、自分の口癖について意識してみたことはありますか？　社会人になりたての頃、わたしは先輩から、「**〝とりあえず〟ではなく、〝まず〟と言え**」というふうに指摘されたことがありました。自分ではまったく意識していなかったのですが、当時のわたしは何かにつけて「とりあえず」という言葉を使っていたようです。「とりあえず」という言葉を使うと、無意識のうちにどことなく

POINT

ポジティブな言葉を使うと、仕事への向き合い方も前向きになる

■ポジティブな言葉で自分も周囲も前向きに

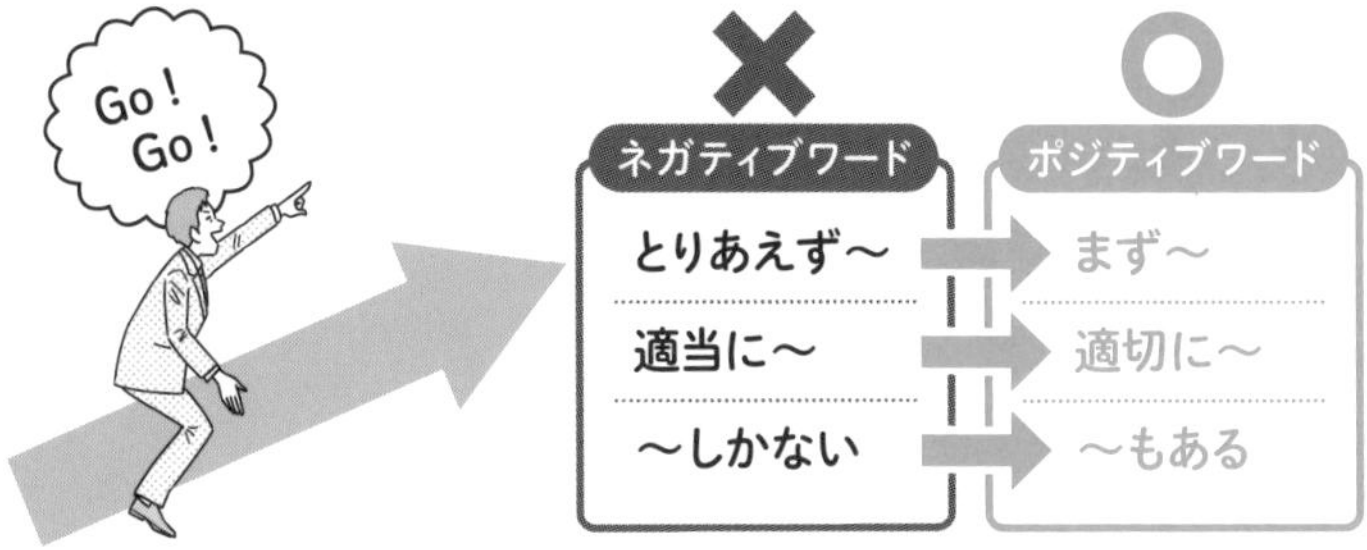

Go！Go！
×
ネガティブワード
とりあえず～
適当に～
～しかない
○
ポジティブワード
まず～
適切に～
～もある

言葉の使い方ひとつで、印象も心持ちも大きく変化するものです。

やっつけ仕事のように感じてしまうのです。先輩からの「**〝まず〟と言い換えてみろ。そうすれば、〝次に〟という言葉が自然と続くはずだ**」というアドバイスに納得したわたしは、それ以来、「まず～」「次に～」と言い、常にひとつ先のステップを意識するようになったのです。

　すると、それまで何となくやっていた個々の業務が大切なプロセスだと思うようになり、気がつくと仕事がおもしろいくらいに捗る（はかど）ようになりました。

　普段何気なく使っている言葉が、実は自分の行動を制限したり、相手に与える印象を大きく左右していたりします。コップに水が半分入っている状態を「半分〝しか〟入っていないのか……」と悲観的に捉える場合と、「半分〝も〟残っているんだ！」と楽観的に捉える場合に差があるように、言葉の使い方ひとつで、仕事に対する向き合い方は変わってくるものだと意識してみましょう。

　「とりあえず」は「まず」、ほかにも「適当に」は「適切に」という具合に、まずはリーダーが、ポジティブな言葉を使う習慣を身につけることです。それだけで、チーム全体の雰囲気がガラリと変わるはずですよ。

リーダー必須のコミュニケーション能力

10

メンバーのモチベーションを上げる会話術ってありますか？

POINT

仕事を評価するときは「その場で」「具体的に」「心から」ほめる

第三者の評価を交えると喜びとやる気がアップ

人は誰でも自分の頑張りをほめてもらえると嬉しいものです。だからメンバーの仕事を評価するとき、「ほめる」ことはとても効果的です。ただ、今の時代、「部下をほめて伸ばす」という手法はいろいろなところで紹介されているため、「よく頑張りましたね」といった表面的なほめ言葉では響きにくくなっています。メンバーのモチベーションを高めるためには、誰にでも使える言葉ではなく、**「その人だからこそ」の具体的なメッセージを加えることが重要**なポイントです。

ほめ言葉はざっくりいうと、**「感謝・お礼」「感動」「尊敬」**の3パターンに分けられます。感謝・お礼という形式を使ってほめるときは、「○○さんに頼んで本当によかった。ありがとう」、感動は「この間、お客さんが○○さんの仕事は丁寧ですばらしいって喜んでいたよ」などが例となります。また、リーダーからのほめ言葉に「お客さんがこう言っていたよ」というような、**第三者の評価を加えれば、喜びは増す**ものです。尊敬は「今度コツを教えてほしい」「自分には真似できない」「わたしが○○さんくらいのキャリアの頃には考えもつかなかった」という表現になります。

これらの言葉は、**具体的な仕事の成果とあわせて、できるだけその場で伝える**ようにしましょう。チームがどのような行動や仕事の成果を価値と認めているかを具体的に伝えるには、その価値を発揮した仕事をほめるのが一番です。

お答えしましょう!

誰でもほめられると嬉しいものです。それが本人に響く言葉なら、モチベーションは爆上がりです。

■ その人の心に響くほめ言葉で伝えよう

常套句を並べただけでは、いくらほめても相手の心には響きません。

「あなた」だけに響く、具体的な言葉を使ってほめることが重要です。

リーダー必須のコミュニケーション能力

11

リーダーにも苦手なメンバーがいて当たり前ですよね？

POINT

まずは相手に歩み寄る努力をして、どうしてもダメなら環境を変えてみる

相手に合わせて自分の性格を変えてみる

チームのなかには、「自分とは少し合わないな」と思うタイプの人が必ずいるものです。しかし、仕事を円滑に進めていくには、メンバーとのコミュニケーションは欠かせません。そのためには、まずはどんな相手とも会話をすることが重要です。

わたしは、過去の経験から「**多重人格になる**」という方法を編み出し、今も実践しています。これは、**相手に合わせて自分の性格やキャラクターを使い分ける**というものです。

たとえば、「相手に頼りたいタイプ」の人に対しては強気の性格を押し出して引っ張っていくようにし、反対に「中心に立ちたいタイプ」の人に対してはちょっと頼りない部分を見せて、相手に頼ってみるのです。**自分の数ある性格の引き出しから、相手と相性のよい部分を取り出してバランスをとれば、相手は気分よく動いてくれるでしょう。**

ただし、どんなにこちらが歩み寄ろうと努力しても、相性が合わない人もいます。なかには、他人の足を引っ張ったり、嫉妬が激しかったりする人などがいるかもしれません。リーダーとして歩み寄りや譲歩は必要ですが、相性に良し悪しがあることも事実です。どうにもならない相性の悪さが大きなストレスとなり、仕事や心身に支障が出ているようであれば、環境を変えることも大切です。

その環境から離脱し、自分が活動しやすい形を模索することにエネルギーを使うべきではないでしょうか。

お答えしましょう!

リーダーにも苦手な人がいて当然です。ですが、まずは自分から歩み寄る努力をしてみましょう。

■相手にマッチする自分を演出してみよう

①頼りがいのあるリーダーを演じる

「相手に頼りたいタイプ」の人には「強気のリーダー」で挑みましょう。

今日のわたし
カリスマ性:★★★★★
コミュニケーション力:★★★★★
決断力:★★★★★

コマンド
▶グイグイ引っ張る
助けを求める
逃げる

②頼りないリーダーを演じる

「中心に立ちたいタイプ」の人には、あえて「弱点」をさらしてみます。

今日のわたし
カリスマ性:★★☆☆☆
コミュニケーション力:★★★☆☆
決断力:★★⯪☆☆

コマンド
グイグイ引っ張る
▶助けを求める
逃げる

リーダー必須のコミュニケーション能力

12

ハラスメントにはどう気をつければよいですか？

POINT

メンバー全員を「さん付け」にし、「です・ます調」を徹底する

どう感じるかは相手によって違う

近年、職場のハラスメント問題が叫ばれています。ハラスメント問題は、相手側がどう感じたかによって大きく変わってくるため、とても難しい問題です。たとえばメンバーが作成した企画書に対し、「これ、意味がわからないいんだけど」と言うだけで、ハラスメントになる可能性があります。

そういう場合は、「ここの表現が少しわかりにくいので、こうしたらどうですか？」と、**やわらかい表現を使い、直接的なダメ出しをしないようにする**ことが無難でしょう。

ハラスメント防止の対策としては、**どんな相手でもきちんと大人扱いをし、その人を尊重する**ことが重要です。呼び捨てではなく、全員を「さん付け」にし、会話では「です・ます調」を基本とした丁寧な口調を心がけてみてください。

それに加えて、**相手に対する想像力を働かせられるようになればベター**です。「〇〇さんは些細なことでも気にしてしまうタイプだから、ストレートに伝えるよりも、こういう伝え方をしたほうがよいだろう」「△△さんは、自発的に行動したいタイプだから、あまり細かいことに口出ししないほうがよいだろう」など、相手の性格によって、接し方をひと工夫してみるのです。

「面倒くさい」と思うかもしれませんが、そのひと手間でハラスメントを防止し、相手にも気持ちよく動いてもらえます。それはあなたのため、チームのためでもあるのです。

お答えしましょう!

同じことを伝えても、受け取る側によって感じ方は違ってきます。誰に対しても尊重する気持ちが重要です。

■ハラスメント防止の基本は相手を尊重すること

あなたに悪気がなくても、相手はあなたの言葉に傷ついているかもしれません。

相手の気持ちを尊重し、常に丁寧な接し方を心がけるようにしましょう。

リーダー必須のコミュニケーション能力
13

メンバーの愚痴にはどう対処すべきですか？

POINT
「愚痴」はチームの課題に気づく重要な情報源になることもある

お答えしましょう！

「愚痴」と「意見」、どちらも重要な問題に気がつく場合があるので、耳を傾けるようにしましょう。

■「愚痴」も「意見」もまずは耳を傾けよう

メンバーがもち込む相談には、
まずはすべて受け入れる姿勢を見せましょう。

愚痴と意見を区別し次につなげる会話をする

リーダーであるあなたのもとには、日々さまざまな相談がもち込まれますが、それらは大雑把にいうと**「愚痴」**と**「意見」**のふたつに分類されます。そして、「愚痴」と「意見」は似て非なるものです。

「愚痴」は「過去にこんなことがあった」「今はこんなことになっている」という話を相手に聞いてもらいたいだけで、次にはつながらないものがほとんどです。反対に、**「意見」**は未

■「愚痴」と「意見」の先にあるものを探っていく

メンバーの話を深掘りすることで、思わぬ収穫があるかもしれません。

来志向で、「こう変えていきたい」「次はこれをやりたい」といった新しい価値を生み出すためのものといえるでしょう。

そのため、「意見」を言ってくれたメンバーに対しては、意見を出してくれたことに感謝しつつ、どうすればそれが実現できるかを一緒に考えていきましょう。

では、「愚痴」を言う人に対してはどうするか。愚痴には「文句」や「反抗」なども含まれますが、要は不満を吐くのが目的です。ですから、大抵は口に出した時点で解消されます。

ただ、なかには愚痴にこそ、チームが抱える重大な問題が隠れている場合もあります。そのため、大事なのは**愚痴でも耳を傾ける**ことです。まずは相手の話を聞き、そして「○○さんは何が問題だったと思いますか？」「どう改善したらよいと考えますか？」などと本人に問いかけてみてください。

質問してみることで、次につながるアクションを模索するきっかけが生まれ、**当初は「愚痴」だったものが、いつしか有益な「意見」に変わっていくかもしれません**。それをメンバー間で共有すれば、チームもより前進するでしょう。

メンバー間の不和にはどう対応すべきですか？

POINT
対立する意見は議論して、歩み寄る方向へもっていく

お答えしましょう！

チーム内での意見の対立も、メンバーが同じ方向を目指していれば、新たな価値を生み出すチャンスです。

■ 対立は必ずしも悪いことではない

メンバー同士が対立したからといって、慌てる必要はありません。

議論はチームが成長する良いきっかけになる

チームには多様な考えや価値観をもった人が集まるため、ときには意見が真っ二つに割れることがあるでしょう。しかし、それは悪いことではありません。意見が割れることでチーム内には議論が生まれ、その過程で、まったく新しい答えを得られる可能性があるからです。

ですが、メンバー同士を感情だけで対立させてはいけません。議論をさせる際には、常に**「それがチームの向かうべき方**

■議論の果てに明るい未来が待っているかも

同じ目的に向かう者同士の対立であれば、リーダーはそっと見守りましょう。

向性と合っているか」を判断基準としておくことが重要です。一見対立しているようでも、同じ目的に向かう者同士の意見であれば、歩み寄ることは可能です。**お互いの意見をバランスよく取り入れれば、チームとしても前進できるはずです。**また、それこそが、チームで仕事をする強みではないでしょうか。

一方、足の引っ張り合いのような無意味な対立であれば、リーダーが間に入ります。**両者の言い分を聞いたうえで、チームにとってよりプラスに働くのがどちらかを判断し、それをチームの方針として採用するの**です。当然、意見が不採用となった人には不満が残りますが、そこはチームの利益を優先させるべきです。

ただ、チーム内にどうにもならない派閥が発生した場合には、潔く解散することも必要でしょう。**チームが空中分解しているということは、そのチームは共有すべきビジョンが不明確で、最も重要な目的を見失っているといえます。**そんなチームに明日はありません。このような最悪な事態を回避するためにも、チームは常に目的やビジョンを共有し、前向きな議論を活発に行っていくべきです。

リーダー必須のコミュニケーション能力

15

リーダーが相談に乗ってもらうのはOKですか？

リーダーだからといって完璧である必要はない

リーダーだって悩んだり、弱気になったりすることは当然あります。そんなときにはひとりで抱え込まず、まわりを頼ってみましょう。もし助けが必要な場合や意見を聞きたくなった場合には、遠慮なくメンバーに相談してみてください。

メンバーに相談をもちかけるなんて……と思うかもしれませんが、心配無用です。**相談された側は「リーダーは自分のことを頼りにしてくれている」とむしろ喜び、期待に応えようとします。**そして、リーダーから「あのときは助かったよ」と言われれば、モチベーションが上がり、より努力するようになります。つまり、両者にとってメリットが大きいのです。

ただ、なかにはメンバーには相談しにくい内容もあるでしょう。そんなときは、過去にお世話になった先輩や同僚など、同じチームではないけれど会社のことをよく知っている人や、プロジェクトへの参加経験が豊富な人などに意見を聞いてみてください。成功談や失敗談を交えつつ、参考になるアドバイスをもらえるはずです。

リーダーだからといって、完璧な人間である必要はありません。リーダーの存在意義は、チームの目標達成のためにあります。リーダーが完璧な人間であろうとしすぎれば、本来の目的を見失い、心身にも悪影響を及ぼします。**「わからないことはわからない」「困っているときは助けてほしい」と素直に言えるかどうか**も、リーダーの大事なパーソナリティです。

POINT

メンバーへの相談は、相手を喜ばせ、期待以上の力を見せてくれる

お答えしましょう!

リーダーだからといって、完璧を目指す必要はありません。むしろ、まわりを頼ったほうが道は開けます。

■「助けて!」と言えることもリーダーの器

困っているあなたを周囲のメンバーはきっと心配しているはずです。

リーダーから頼りにされるとメンバーは嬉しいものです。

やっぱりメンターって必要ですか？

お答えしましょう！

チームの目標を達成させるために、心強いアドバイスをくれるメンターの存在は欠かせません。

■ メンターってどんな人？

メンターとは、決して特殊な能力を備えた超人ではありません。

「勝手に門下生」となって人生の先輩に頼ってみる

仕事上の課題や悩みのなかには、チームのメンバーや社内の人間には相談しにくいものもあるでしょう。とはいえ、家族や友人に話をしたところで、その状況を理解してもらうことは簡単ではなく、余計な心配をかけたくないと思ってしまいがちです。そんなときに、話を聞いてくれたり相談に乗ってくれたりする人がいると、気持ちが楽になり、思わぬ発想の転換ができたりする場合があります。この

POINT

人生経験が豊富な先輩のアドバイスは、チームの前進に役立つ

■ あなたも「勝手に門下生」になろう

人間関係のことならおまかせ！
大学の恩師
△△さん
勝手に門下生
業界の動向について教えます！
元上司の
○○さん

相談内容によって、それに特化したメンターがいれば理想的です。

ような相談相手のことを「**メンター**(**師匠**)」と呼びます。

師匠というと、特別な能力を備えた人物を思い浮かべるかもしれませんが、あなたにとって「**尊敬できる人**」であれば、誰でもかまいません。一般的には、**元上司や以前のお客様、学生時代の恩師や先輩など、今は利害関係がなく、自分よりも経験が豊富な人生の先輩**であることが多いでしょう。

わたしにもメンターが何人かいて、「業界の動向についてはこの人」「人間関係のトラブルについてはあの人」というように、相談内容によって相手を選んでいます。

相談して解決策が見つかることもあれば、悩みを聞いてもらうだけでガス抜きになったり、もらったアドバイスで気持ちが前向きになったりと、メリットはたくさんあります。ときにはお叱りを受け、初心に返ることもあるでしょう。どんなフィードバックであれ、現状から一歩でも前進できれば、その成果は大きいものです。

「わたしのメンターになってもらえませんか？」といった正式な契約は必要なく、わたしはこれを「**勝手に門下生**」と名づけて推奨しています。

リーダー必須のコミュニケーション能力
17

リーダーはリモート勤務を控えるべきですか？

お答えしましょう！

選択の自由がある職場であれば、リーダーも自分にとって最適な働き方で取り組むのがベストです。

■リモート勤務に罪悪感を抱えていませんか？

リーダーである自分が出社しなくてよいのだろうか……。

目標が共有できていれば働き方は自由でよい

コロナ禍以降、そのままリモート勤務を続ける企業があれば、出社が前提という企業、どちらでも選択が可能な企業など、働き方は実に多様化しました。

リモート勤務のよいところは、オフィスコストや通勤費用を削減できること、育児や介護をしているメンバーが働きやすいことなどが挙げられます。

しかし、リーダーが昔気質で出社にこだわるタイプだと、メンバーは出社しなければならな

POINT
多様な働き方が認められる時代。メンバーの顔色を窺う必要はない

■リモート勤務のカリスマになればよい！

リモート勤務がしやすい雰囲気を、リーダーが率先してつくっていきましょう。

いように感じてしまい、しぶしぶ出社をしていることがあります。また、その逆のケースも見られます。

ですが、**業務上の支障がなければ、リーダーであろうがメンバーであろうが、自分のやりやすい働き方を選んで問題はありません。**メンバーが出社しているのに、リーダーである自分だけがリモート勤務というわけにはいかない……と、気を遣う必要もありません。むしろ、リーダーが率先してリモート勤務をすることで、メンバーも気兼ねなくリモート勤務を選択できるようになるはずです。

ただ、実際に会ってコミュニケーションをとることも効果的です。必要な場合は「次の会議は久しぶりにみんなと会って、今後のことを直接話し合いたい」など、臨機応変に招集をかけていきましょう。

大事なのは、**チームの目標を常に共有しておく**ことです。それさえできていれば、リーダーがメンバーの働き方に細かく口を出す必要も、メンバーがリーダーに遠慮する必要もありません。今後、ますますグローバル社会は進んでいきます。仕事も私生活もお互い尊重し合えるチームでありたいですね。

リーダー必須のコミュニケーション能力

18

リモート勤務におけるコミュニケーションのコツってありますか？

POINT

オンライン会議などでは、カメラをオンにしてメンバーの様子を把握する

お答えしましょう！

対面と比べてコミュニケーションが希薄になりがちだからこそ、一対一で話をする時間が必要です。

■ リモート勤務の思わぬ弊害

画面に映るメンバーの様子に大きな変化があれば要注意。

リモート勤務のときは画面越しの対話を

リモート勤務をする際に気をつけてほしいことがあります。それは、**メンバーとのコミュニケーションを疎かにしない**ことです。わたしはコロナ禍のとき、経営していた会社をリモート勤務に切り替えました。そしてしばらく経つと、わたしはメンバーの異変に気づきました。オンライン会議でのＰＣ画面に、表情が暗かったり、あきらかに体型が変わっていたりと、出社していた頃とは様子が異な

■ 対話をするときはカメラをオンに

画面越しでも一対一のコミュニケーションをとることは重要です。

るメンバーの姿が映し出されていたのです。誰とも直接顔を合わせず、部屋にこもって一日中仕事をしていると、生活にメリハリがつかずダラダラと過ごしてしまったり、食生活が乱れたりするメンバーが出てきたのです。また、気分がふさぎ込んでいるメンバーの姿も見られ、心身ともに悪い影響が出ているのだと感じました。

だからこそ、**リモート勤務における一対一のコミュニケーションはとても重要です。たとえ対面でなくても、カメラをオンにして相手の顔を見て、声を聞いて、様子を確認するようにしてください。**

ただ、「元気ですか？」と毎回のように聞かれると不安に思うメンバーもいるので、直接聞くのではなく画面から様子を確認するとよいでしょう。

メンバーの人数が多いと大変ですが、**頻度を決めて、定期的に様子を見ることをおすすめ**します。その際、仕事の話だけではなく、「最近はどんな映画を観ましたか？」「今日のランチは何を食べましたか？」など、雑談するのもよいでしょう。メンバーのコンディションを常に気にかけることも、リーダーの大切な務めです。

「会社を辞めたい」というメンバーがいたらどうすればよいですか？

POINT
メンバー自身の夢や目標の実現以外であれば、「待った」をかける

お答えしましょう！

メンバーの気持ちを尊重しつつ、「いつでも相談しにきていいよ」と伝えて送り出しましょう。

■ その退職は後押しすべき？

メンバーからの急な退職の申し入れ、
まずは冷静に理由を聞き取りましょう。

退職の意図を聞きつつ メンバーの決断を尊重する

いまや転職は特別なことではありません。ただ、わたし自身も転職経験者であり、かつ成功例・失敗例ともに多々あることから、「退職したい」と言ってきたメンバーに対しては、次のように対応しています。

まず**「起業」や「留学」など本人の夢の実現のためであれば、どんなに優秀で引き留めておきたいメンバーでも送り出します。また、長期にわたって業績が伸び悩んでいるメンバーに**

■ 温かい言葉を“はなむけ”に

メンバーの選択を信じ、温かく送り出すこともリーダーの務めです。

対しては転職を勧めます。今の組織や仕事の内容が合っていない可能性が高いからです。

問題なのは、このどちらでもないケースです。とくにキャリアの浅い若手は、現状に対する一時的な不満や金銭面の誘惑に流されてしまう場合があります。なかには「それって本当に大丈夫？」と心配になるような話も含まれているかもしれません。わたしのもとにも「転職して新しい会社に入ってみたら、聞いていた話と違っていた。元いた会社に戻りたい……」と、実際に訴えてきたメンバーがいました。**キャリアアップを目指したがる若者は、甘い話や友人の成功談などの影響を受けやすいものです。**

大事なメンバーを守るためにも「なぜその会社は、そんなに利益が出ているのでしょう？」「あなたはその会社でどんな働きを求められていると思います？」など、**第三者として疑いの目をもって、本人に確認して**みるとよいでしょう。

それでもメンバーが転職の道を選んだら、気持ちを尊重し、**「困ったら、いつでも相談しにきてください」**と安心する言葉を添えて、優しく送り出してあげてください。

その
4
コミュニケーション編

リーダーに必要な10のポイント！

- ☑ 1．相手の話を聞くことを重視し、どんなことでも報告しやすい雰囲気を意識する
- ☑ 2．チーム間では、お互いに「さん付け」で呼び合う
- ☑ 3．状況に応じて電話での会話を有効活用する
- ☑ 4．チーム内においてオープンな情報交換ができている
- ☑ 5．メンバーと一対一で話す機会を設けている
- ☑ 6．相手のモチベーションを上げる会話を意識している
- ☑ 7．「愚痴」にも「意見」にも、まずは耳を傾けている
- ☑ 8．メンバー間の対立を前向きに捉え、活発な議論をさせることができている
- ☑ 9．困ったときはメンバーに助けを求めている
- ☑ 10．リモート勤務時にもメンバーとのコミュニケーションがとれている

第4章では、コミュニケーションの重要性について多角的に解説しました。世の中の環境やツールが変わっても、対話の価値はやはり不変です。

第 5 章

令和時代に求められるビジネス思考

最終章では、VUCA(ブーカ)といわれる先行き不透明な今の時代において、リーダーはどうあるべきかについて考えます。「経営視点」をもつことや「後継者」の育成など、未来のことを視野に入れつつ、これからの時代を生きるリーダーについて模索していきます。

経営視点をもつことはなぜ重要なのですか？

お答えしましょう！

「経営視点をもつ」とは、組織のビジョンを正しく理解し、チームに浸透させることだからです。

■「経営視点をもて」と言われても……

後継者問題
ステークホルダー（利害関係者）
コンプライアンス（法令遵守）
売上目標

「経営視点をもつ」ことを難しく捉えすぎていませんか？

組織のビジョンを理解しメンバーと共有する

企業は社員だけでなく、顧客、株主、取引先など多くの人で成り立っています。経営者であれば、こうしたステークホルダーを含めた、あらゆる立場の人たちのことを考えていかなければなりません。このような視点を「**経営視点**」といいます。

リーダーの立場になると、「もっと経営視点をもて」と言われるようになりますが、経営幹部のように会社全体が見えるポジションにいなければ、何を

POINT

まずはリーダーが組織のビジョンとミッションを正しく理解する

■ 経営視点をもつ＝組織とメンバーを橋渡しする

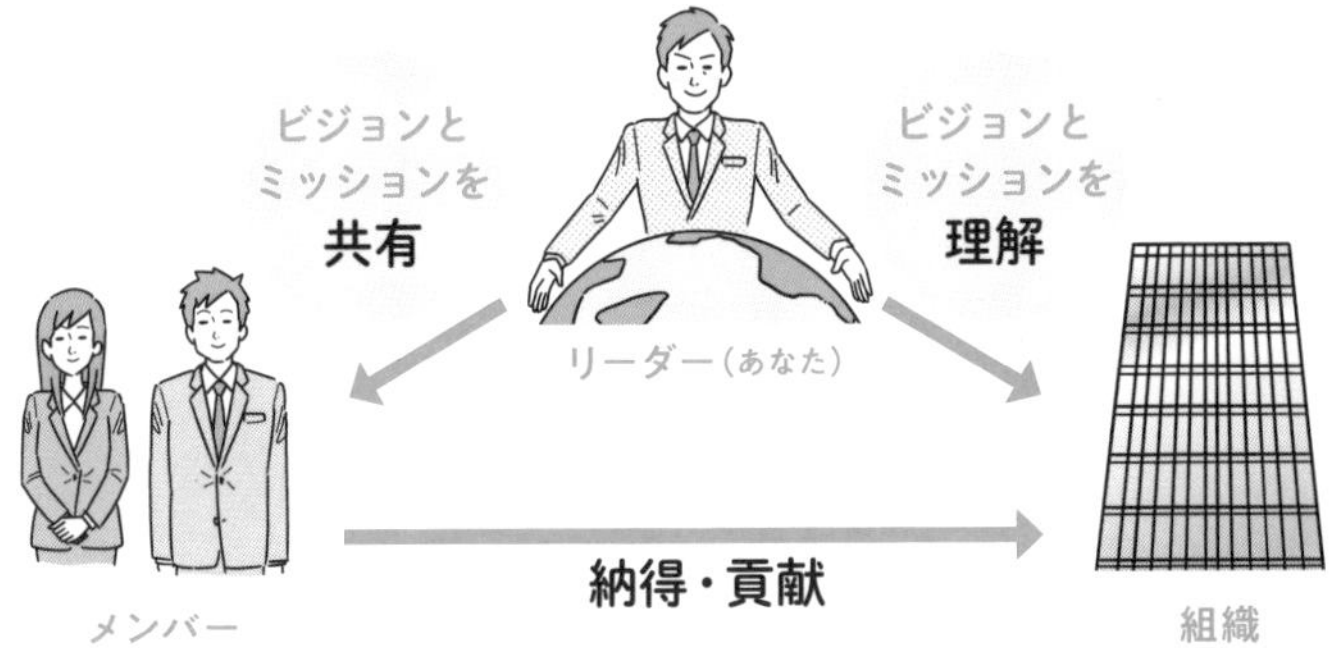

どう捉えたらよいのかわからないという人もいるでしょう。よく誤解されるのが、経営幹部と同じだけの仕事をこなさなければならないと思い込んでしまうことです。

しかし、リーダーに「経営視点をもて」と言うのは、そういう意味ではありません。求められているのは**「会社がどのような理念をもって社会に貢献したいと考えているか」「そのためには何を目標にするのか」という組織のビジョンとミッションを、チームを率いるリーダーが正しく理解し、メンバーに共有していくことなのです。**

リーダーとメンバーが経営視点をもてるようになれば、日々の仕事もチーム間のコミュニケーションも自然と同じ目的に向かって行われるようになります。とくにVUCA（ブーカ）時代といわれる今は、事業環境の変化に対する迅速な対応がこれまで以上に求められています。

現場レベルでの判断や行動のスピード、精度を上げていくためにも、こうした経営視点が物事を考えるときの判断基準になります。組織のビジョンとミッションを共有できれば、チームはひとつとなり、前進していけるのです。

チームの発展にエンゲージメントを高めることは欠かせませんか？

お答えしましょう！

メンバーをやる気にさせるには、エンゲージメントを高めることが大切。その架け橋がリーダーです。

■メンバーのエンゲージメントを引き上げよう

メンバー個々の向上心がなければ、チームの発展はあり得ません。

チーム一丸の秘訣は エンゲージメントの向上

組織の規模が大きくなればなるほど、多様な価値観をもった人が集まり、心をひとつにすることが難しくなります。リーダーが多様なメンバーの力を引き出すうえで最も大切なことは、メンバーの「**モチベーションを高める**」ことです。

ただし、昇給などの一時的な対処はその場しのぎにすぎません。メンバーに真に貢献してもらうには、「**エンゲージメントを高める**」必要があります。

POINT

昇給などの対処では、エンゲージメントを高めたことにはならない

■ 重要なのはビジョンとミッションの共有

ビジョンとミッションを伝え、メンバーの賛同を得ることがリーダーの務め。

エンゲージメントが高いというのは、「うちの会社は、このようなビジョンやミッションを掲げている。その達成に向けて、働いてくれないか？」という**会社側の要望に対して、メンバーが「そのビジョンやミッションを達成できるように頑張ります！」と、共感して受け入れることを意味しています。**

そして、そのビジョンやミッションを伝えていくのが、リーダーであるあなたです。そのため、リーダーがその中身をきちんと理解していなかったり、うまく伝えられなかったりすると、メンバーは何のために今ここでこの仕事をしているのかがわからず、ただ日々の業務をこなすだけになってしまいます。

また、ビジョンやミッションに賛同しているにもかかわらず、それにそぐわない仕事を与えられていたのでは、相手は不満を募らせることになるでしょう。すると、働く意味を見出せず、モチベーションも下がってしまいます。

多様な人材を引っ張っていくには、ビジョンとミッションを共有し、エンゲージメントを向上させることが重要であると、リーダーは肝に銘じておかなければなりません。

メンバーのエンゲージメントを高めるにはどうしたらよいですか？

POINT

すべての作業と意思決定は、常にビジョンとセットにする

どんな単純作業も未来につながっていく

組織が掲げるビジョンやミッションをいくら伝えても、それが自分自身に影響しなければ、メンバーのモチベーションは高まらず、責任感をもった行動もとれません。つまりリーダーには、より具体的なイメージをメンバーにもたせる働きかけが必要となります。

たとえば仕事を依頼するときには、**それがチームや組織のビジョンにどのようにつながるかを説明し、メンバーのエンゲージメントを引き上げることが重要でしょう。**

従業員のエンゲージメントを高める例としては、『3人のレンガ職人』が有名です。同じレンガ積みの仕事をしていても、命令に従っているだけの人と、賃金のためだけにやっている人、歴史的な建造物をつくるという、夢のある目標とやりがいをもって取り組んでいる人を比べて「誰が幸せか？」を問う内容です。**同じ単純作業でも、その先に見据えているものが違えば、心持ちも違うものになると**いうたとえです。

3番目の職人のように、メンバーに仕事を前向きに進めてもらうには、リーダーが「この仕事はわたしたちのビジョンの〇〇を達成するために必要なものです」と、ビジョンに結びつけて上手に依頼することが必要です。これがきちんと伝わると、単調に思えた仕事にも意味を見出し、やりがいをもって取り組んでもらえます。このように、**すべての作業と意思決定は、常にビジョンとセット**であることを忘れてはいけません。

お答えしましょう！

チームのビジョンに結びつけたアプローチをすると、エンゲージメントは高まりやすいです。

■ エンゲージメントが高いと仕事も捗（はかど）る

『3人のレンガ職人』が示すのは、
仕事にやりがいをもつことの重要性です。

上司の命令だから仕方ない……
退屈だけどお給料のためだから
歴史に残るものをつくっているなんて、なんてすばらしいんだ！

後継者を育てることは大切ですか？

就任したその日から次のリーダーを検討する

「リーダーは人を育てるのが仕事」という言葉をよく耳にしますが、それはなぜでしょう？

会社や社会のためなど、いろいろな考え方がありますが、わたしはシンプルに「**リーダー自身のため**」だと考えています。

チームの存在意義は目標を達成することです。**メンバーが成長すれば任せられる仕事が増え、チーム全体のレベルが上がり、リーダー自身の負担が減ります**。その分、さらに高い目標を達成するための戦略を考えたり、準備をしたりする時間をもてるようになります。さらに、リーダーにとって自分の後継者となる「次のリーダー」が育てば、すべての仕事がより迅速に進むことになります。

後継者を育てるために、まずは候補者を絞り、あなたの仕事を間近で見せましょう。**成功も失敗も含めて、リアルな意思決定やコミュニケーションを目の当たりにさせ、学んでもらうのです**。相手に「あなたを次のリーダー候補として考えている」と伝えるかどうかは状況によりますが、多少は意識してもらったほうが、相手も仕事への向き合い方が変わってくると思います。

わたしの場合、リーダーに就任したその日から、次は誰をリーダーに任命するかを考えています。明日のことは誰にもわかりません。もし**自分に何かあっても、残されたチームが前進できるように、後継者を育てておく**こと。リーダーになった以上、ここまで考えておくことが重要なのです。

POINT

人を育てるだけでなく、次のリーダーを発掘し磨いておく

お答えしましょう!

次のリーダーを育てることも大切なミッションです。人を育てることが、チームの存続につながります。

■ 後継者の育成もリーダーの務め

後継者は一朝一夕で育つものではありません。
チームの未来を見据え、少しずつ準備を進めておきましょう。

これからはミレニアル世代に任せてよいですか？

自分の経験だけでなく「新しい力」に頼ってみる

あなたは若い世代のメンバーにちゃんと頼れているでしょうか？ わたしはよく「**ミレニアル世代**」の力を借りて、問題を解決しています。

「ミレニアル世代」とは、**2000年以降に成人した20〜40代のことで、「デジタルネイティブ」ともいわれる若者たち**のことです。よって、ここは比較的立場や年齢の高い人向けの内容になりますが、現在ミレニアル世代の方も、自分より下の世代を想像して、読み進めてください。

ミレニアル世代の彼らは、非常に情報感度が高く、今の時代に即した解決策をたくさんもっていると感じます。知識やセンス、豊かな発想は、もはや彼らにはかないません。

ただ、経験や実績が豊富な分、リーダーのあなたから見て、ミレニアル世代のやり方や意見に疑問をもつ瞬間もあるでしょう。しかし、**「それは現実的ではない」と即座に否定してはいけません。あなたが想像できないだけで、実際にはとても合理的で、優れたアイデアの可能性があるからです。**

まずは聞く姿勢をもちましょう。そして、さらにもう一歩踏み込んで、そのアイデアにはどんなメリットがあるのかを確認してみてください。**組織のビジョンと目標から大きなズレがないのであれば、若い世代に任せてみる勇気も必要です。**

もちろん、若い世代が壁にぶつかったときには、リーダーであるあなたが手を差し伸べてあげてください。

POINT

情報感度が高く、時代のセンスを読み取る力は彼らのほうが上

お答えしましょう!

変化の激しいVUCA(ブーカ)時代は、情報感度の高いミレニアル世代の力が頼りになります。

■ ミレニアル世代を味方につけろ!

これからの社会を動かすのはミレニアル世代の若者たちです。彼らの協力を得ることで、チームをより活性化させていきましょう。

VUCA（ブーカ）時代が求めるリーダーとは？

お答えしましょう!

VUCA時代に明確な答えはありません。だからこそ、リーダーも工夫して、未来を切り開いていきましょう。

■ あなたの理想のリーダーは誰?

キリ!
VUCA時代を生きる
同志たちよ!
ともに行こう!
うんうん

ブライト・ノア艦長は、まさにVUCA時代にふさわしいリーダーです。

理想のリーダー像はブライト・ノア艦長?

社会が求めるリーダー像は時代によって変化しますが、VUCA時代と呼ばれる現代は、わたしたちを取り巻く諸々が複雑化し、数年先の未来さえ見通すことが難しい状況です。そのため、過去にどれほど多くの経験や実績があっても、それが令和の今に通用するかどうか定かではありません。

変化が激しく、先が見えないVUCA時代において、明確な答えなど何もありません。だ

POINT
多様な才能を見出し、活躍させるリーダーを目指す

■ チーム一丸となって明るい未来を目指そう！

多様性を有利に生かしながら、VUCA時代を進んでいきましょう。

からこそ令和のリーダーは、過去の常識や経験に頼るのではなく、個々のメンバーの能力を生かし、一緒に答えを模索することが重要だといえます。

アニメ『機動戦士ガンダム』に登場するブライト・ノア艦長は、まさにそんなリーダーです。簡単に言うと、この作品の舞台は近未来で「宇宙空間に適応した新人類（ニュータイプ）」が活躍するロボット活劇です。しかし、ブライト艦長は新人類（ニュータイプ）ではなく、普通の人間です。にもかかわらず、彼は数々の戦績を残します。それは自分とは異なる能力や価値観を新人類（ニュータイプ）たちのなかに見出し、戦場で活躍させたからです。

ここで新人類（ニュータイプ）を、チームのメンバーだと捉えてみてください。あなたに求められるのは、**人材のなかから必要な才能を発掘し、それをチームのために最大限に発揮してもらうことです。世代や性別、国籍などの枠を超え、多様な人々の力を借りてチームを前進させることは、それも立派な才能のひとつです。**

ときには壁にぶつかることもあるでしょう。それでもメンバーと一緒に繰り返したトライ&エラーの先には、まだ誰も知らない、すばらしい未来が待っているはずです。

その5
未来のビジネス思考編

リーダーに必要な10のポイント!

- ☑ 1.「経営視点をもつ」という意味を正しく認識する
- ☑ 2.組織のビジョンを理解し、メンバーに共有している
- ☑ 3.メンバーのエンゲージメントを引き上げるような働きかけをしている
- ☑ 4.自分の後継者について意識している
- ☑ 5.後継者候補に自分の仕事を間近で観察させている
- ☑ 6.ミレニアル世代の力を信じ、頼ることができている
- ☑ 7.若い世代の成長を促すようなアプローチをしている
- ☑ 8.自分のやり方や経験に固執せず、柔軟な姿勢でVUCA(ブーカ)時代に臨んでいる
- ☑ 9.メンバーの能力を見極め、適材適所に活躍の場を与えることができている
- ☑ 10.試行錯誤しつつ、チーム一丸で未来へとまい進する

最後となる第5章では、これからの
リーダーがもつべき価値観について、
少し先の将来を見据えつつお話しました。
すべてのリーダーに幸あれ!

おわりに

ここから始まる理想のリーダーへの道

本書を最後まで読んでくださったみなさん、ありがとうございます。難しく捉えがちだったリーダーシップの在り方に、少しでも変化は起きたでしょうか？

わたしはこれまで、さまざまな組織に身を置いてきました。創業百年を超える伝統ある企業に勤めたこともあれば、外資系の会社にも何社か勤務しました。コンプライアンスを重視するホワイト企業やフレッシュなスタートアップ企業がある一方で、業務過多やハラスメントなどの問題を抱えるブラック企業など、実にさまざまな組織文化を目の当たりにしてきました。

環境が変われば、人間関係も大きく変わるものです。年下の上司や年上の部下もいましたし、国籍や価値観の異なる人たちとも一緒に働きました。

また、コロナ禍以降は勤務形態が柔軟化し、場所や時間を問わない働き方が可能になったことで、チーム内に一度も直接会ったことがないフルリモートのメンバーがいることなども珍しくはなくなりました。

多様化が叫ばれる昨今ですが、それはビジネスの現場においても例外ではありません。**時代に応じて価値観やライフスタイルが変化するのであれば、働き方やビジネス思考などもそれに合わせて変化させていく必要があるでしょう**。あなたがリーダーであるなら尚更です。間違っても「先輩は偉い」「上司の命令には絶対に従う」などといった、昔気質（かたぎ）な価値観を鵜呑（うの）みにしたり、メンバーに押しつけたりしてはいけません。

本書の冒頭でも述べた通り、リーダーとは単なる役割にすぎません。しかし、**チームを目標達成まで導く、とても重要な役割**であることも事実です。本書で触れたリーダーシップのポイントというものは、さまざまな組織（企業）

に所属し、実際にリーダーシップをとってきたわたしの経験によるものです。今の時代に求められるリーダーシップを意識して解説していますが、基本となる心構えは普遍的なものだと気づいた方もおられるでしょう。

リーダーの道はまだ始まったばかりです。できることからひとつずつ、焦らずに取り組んでみてください。そのひとつひとつが積み重なることで、あなたはチームが求める「**理想のリーダー**」へと、確実に近づいていくことでしょう。

最後に、今回の企画を立ち上げてくださった学研の藤村優也さん、ライターの石渡真由美さん、デザイナーの山之口正和さん、齋藤友貴さん、イラストレーターのひらのんささん、株式会社アッシュのみなさん、それぞれのリーダーシップによって本書は完成に至りました。心より御礼申し上げます。

河野英太郎

監修者：河野英太郎（こうの・えいたろう）

株式会社 Tokyo Consulting & Intelligence 代表取締役。株式会社アイデミー特別顧問。グロービス経営大学院客員准教授。
東京大学文学部卒業、同水泳部主将。グロービス経営大学院（MBA）修了。電通、アクセンチュアを経て日本アイ・ビー・エムに 16 年勤務。コンサルティングサービス、人事部門、専務補佐、若手育成部門リーダー、サービス営業などを歴任。大企業グループ向けを中心に複数社の人事制度改革やコミュニケーション改革、人材育成、組織行動改革、ソフトウェアの日本展開などを推進。在勤時 2017 年に（株）Eight Arrows を起業。2019 年より（株）アイデミーに参画し取締役執行役員 COO として 2023 年 6 月東証グロース市場に上場。現在は Executive Advisor。また、2023 年 9 月に（株）Tokyo Consulting & Intelligence を起業し代表取締役に就任。　https://www.tokyoci.com/

【参考文献】
『99％の人がしていないたった１％のリーダーのコツ』著者：河野英太郎（ディスカヴァー・トゥエンティワン）
『99％の人がしていないたった１％の仕事のコツ』著者：河野英太郎（ディスカヴァー・トゥエンティワン）
『本当は大切なのに誰も教えてくれない VUCA 時代の仕事のキホン』著者：河野英太郎（PHP 研究所）

スタッフ
表紙・本文イラスト／ひらのんさ
表紙・本文デザイン／山之口正和＋齋藤友貴
ライティング／石渡真由美
DTP ／奥主詩乃
編集協力／小川真美、田口学、今崎智子（株式会社アッシュ）

誰からも頼られるようになる
リーダーシップについて河野英太郎先生に聞いてみた

2024年7月2日　第１刷発行

監修者　河野英太郎
発行人　土屋　徹
編集人　代田雪絵
編集担当　藤村優也
発行所　株式会社Gakken
〒141-8416 東京都品川区西五反田2-11-8
印刷所　中央精版印刷株式会社

●この本に関する各種お問い合わせ先
・本の内容については、下記サイトのお問い合わせフォームよりお願いします。
https://www.corp-gakken.co.jp/contact/
・在庫については　Tel 03-6431-1201（販売部）
・不良品（落丁、乱丁）については　Tel 0570-000577
学研業務センター　〒354-0045 埼玉県入間郡三芳町上富279-1
・上記以外のお問い合わせは　Tel 0570-056-710（学研グループ総合案内）

©Eitaro Kono 2024 Printed in Japan
本書の無断転載、複製、複写（コピー）、翻訳を禁じます。
本書を代行業者等の第三者に依頼してスキャンやデジタル化することは、
たとえ個人や家庭内の利用であっても、著作権法上、認められておりません。

学研グループの書籍・雑誌についての新刊情報・詳細情報は、下記をご覧ください。
学研出版サイト　https://hon.gakken.jp/